大展好書 好書大展

秘傳占卜系列 11

# 猶太數秘術

淺野八郎／著
李玉瓊　／譯

大展出版社有限公司

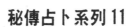

# 『秘傳・占卜系列』發行感言

有人說占卜師是人生的領航員。

在人的一生之中，有時再怎麼樣地努力，也有無法隨心所欲的時候，再如何地希望得到幸福，也可能會遭遇意外的不幸。在現代的社會中，占卜之所以如此地吸引人心，受到衆人的關心，原因即在於此。

可能因為遇到一位出乎意料之外的人，而使自己的一生完全改變，可能偶然中得到幸運，也可能遭遇不幸。能夠回答這種想要預知偶然的人之願望的，即是占卜。

不論是東洋或西洋，兩千年來，占卜一直受到衆人的關心。而預知各種運的「術」，也不斷地在研究中。這兒所介紹的各種占卜，是這些「術」中最值得信賴，也是最讓人感到親切的占卜。

如果本系列能夠發揮領航員的作用，而讀者們能將其當成是創造幸福的指南，則是作者最高的喜悅。

淺野八郎

# 根據「數字」瞭解你的昨日、今日、明日◉代序

自古以來，人們對於數字會產生各種不同的心理作用。譬如，「9」令人討厭而「幸運7」則受人歡迎。在醫院裡4號房、14號房、42號房等因「4」和「死」的語音相連而受人嫌棄，因而在醫院裡特意不設這類病房號碼。

在歐美，據說「13」是不祥的數字。因為，耶穌基督被釘在十字架的日子是13號的星期五，而背叛耶穌基督向法利賽教派密告的是基督的第13位弟子——猶太，因而13這個數字被認為是不吉的象徵。

甚至，謠傳13個人聚集一處其中必有一人會死亡，因而在歐美絕不會13個人一起共餐。情非得已時必連同朋友或司機參與宴會。當然，飯店或醫院也沒有13號病房。

世界級的著名心理學家榮格認為這樣的心理乃是人類的「集團的無

意識」所造成。在自己毫無所覺之下有許多深受影響的「集團的無意識」，而其中對日常生活影響最劇的是「數字」。

我們周遭存在著許多數字，而與自己關連最深的是出生年月日。遠自古希臘傳承下來的數秘術也幾乎以出生年月日的數字為探討的重點。

而以「數字」的命運學為生活重大支柱的是猶太民族，他們的哲學秘典「卡巴拉」一直守著秘術的教義。

數秘術的權威者是馬克・格魯納，他花費二十年以上的光陰研究數秘術並導入「金字塔周期」或「雙重三角形」等構想，使數秘術日漸發展。

本書所介紹的『猶太數秘術』是以格魯納獨特的方法並延用畢達哥拉斯之後一般人對數字的觀念，將數字的解讀法單純化、精細化及「定理」化。老天是公平的，它給任何人帶來不幸，但也同樣地公平分配幸運的機會。而問題是如何去發現機會。

本書是引導你走向幸福未來的指南。請利用本書掌握您的幸福！

# 目錄


序 「數字」掌握你的命運

畢達哥拉斯的數字原理……一二
各個數字具有不同的意義……一三
「大衛星」表示什麼？……一五
算出你的「秘數」……一八

1 秘數告知你的性格與人生及戀愛

秘數「1」……王冠星／二二
秘數「2」……知性星／二四
秘數「3」……發展星／二六
秘數「4」……基礎星／二八

秘數「5」……行動星／三一
秘數「6」……調和星／三四
秘數「7」……完全星／三六
秘數「8」……支配星／三八
秘數「9」……神秘星／四〇
秘數「11」……革新星／四二
秘數「22」……大幸運星／四三

## ② 秘數和秘數之間的投緣性

秘數1的投緣運／四七
秘數2的投緣運／四八
秘數3的投緣運／四九
秘數4的投緣運／五〇
秘數5的投緣運／五一
秘數6的投緣運／五二
秘數7的投緣運／五三
秘數8的投緣運／五四
秘數9的投緣運／五五
秘數11的投緣運／五五
秘數22的投緣運／五七

## ③ 工作運與財運

秘數1的適職、財運／六一
秘數2的適職、財運／六二
秘數3的適職、財運／六三
秘數4的適職、財運／六四
秘數5的適職、財運／六五
秘數6的適職、財運／六六
秘數7的適職、財運／六七
秘數8的適職、財運／六九
秘數9的適職、財運／七〇
秘數11的適職、財運／七一
秘數22的適職、財運／七二

## ④ 幸運何時降臨？瞭解命運的規律

從三角形看命運的規律……七四
幸運機會來臨的時期……七七

秘數1的命運週期／七九
秘數2、11的命運週期／八〇
秘數3的命運週期／八二
秘數4、22的命運週期／八二
秘數5的命運週期／八三
秘數6的命運週期／八六
秘數7的命運週期／八八
秘數8的命運週期／八九
秘數9的命運週期／九〇

## ⑤ 如何瞭解每年的命運

瞭解每年命運的方法……九四
個人年秘數的含意……一〇一
個人年秘數1／一〇一
個人年秘數2／一〇一
個人年秘數3／一〇二
個人年秘數4／一〇三
個人年秘數5／一〇四
個人年秘數6／一〇四
個人年秘數7／一〇五
個人年秘數8／一〇六

個人年秘數9／一〇六
個人年秘數11／一〇七
個人年秘數22／一〇八
解讀三個秘數的組合……一〇九

## ⑥ 深入解析你的秘數

深入瞭解秘數……一一八
你的出生圖的含意……一二四
各領域的解釋法……一三〇
如何解讀完全的配列……一六一
如何解讀欠缺的行列……一七二

# 序

## 「數字」掌握你的命運

# 畢達哥拉斯的數字原理

當你聽到「畢達哥拉斯」腦中會聯想到什麼？相信有不少人會想到中學的數學課程所學到的「畢氏定理」。

畢氏定理的著名理論是「直角三角形的斜邊長×2＝其它兩邊×2之和」或「用直角三角形兩邊長，爲正方一邊所得的正方形面積之和＝以斜邊長爲邊做成的正方形的面積」。

這些定理又稱爲「三平方定理」。這個定理是由希臘的畢達哥拉斯（紀元前五三二年左右～紀元前四九七年左右）首先給予證明，因而稱之爲「畢氏定理」。

畢達哥拉斯之名因數學的定理而名揚天下，但若要正確地評斷他的功績，應稱之爲宗教學家、哲學家而非數學家。

畢達哥拉斯留有一句名言：「一切都是數字」。他認爲萬物的根源乃在「數字」。在其探討摸索中所掌握的是「數字」所具有的精神面的意義。

據說，當時的社會深受擁有強勢力量的神秘宗教、拜火教的影響。而畢達哥拉斯本身也在南義大利創立一種神秘教團（畢達哥拉斯教團），一時間擁有巨大的勢力。

拜火教教導人們，宇宙與數字的原理，並認爲「3」「4」「12」是支配宇宙的重要數字。深受此教義強烈影響的畢達哥拉斯，對數字的觀念和今日我們在學校所學習的，其間有極大的不同。

在畢氏定理中有一個特殊的例子是，三角形的三邊比率若是「3」比「4」比「5」，則認定此三角形爲直角三角形。畢達哥拉斯認爲，其中所含有的神秘意義遠勝於三角形的定理。他甚至認爲三邊的比率是「3」比「4」比「5」的三角形具有神秘的靈力而將它做爲教團的「護符」。

## 各個數字具有不同的意義

那麼，畢達哥拉斯認爲「3」「4」「5」具有何種意義呢？

他認爲「3」代表歐西里斯神（Osiris），亦即男人；「4」是伊西斯神（Isis）

，亦即象徵女人，男與女的結合才有「5」的賀魯斯（Horus），亦即「子」的誕生。

根據畢達哥拉斯的觀念，世界一切是由數字所構成，是數字之間的調和才產生。

雖然世界萬物是在混沌的狀態下發端，但其中擁有區別事物意義的數字是「1」。偶數是和宇宙或世界上的女性的生殖、生產相關的數字，而奇數則是具有男性性質的數字。

從「1」到「9」之間的數字，最初的偶數是「2」，因它是「女性」的數字而深獲重視。同樣地「3」除了事物出發點的「1」之外，是第一個奇數，因而被認爲是「男性」的數字而特具意義。

最初的女性的數字「2」，和最初的男性的數字「3」的結合下所產生的「5」，是可以補足男和女間之間不足的部份的數字，因而也是協調與正義的象徵。而協調和正義本來是「人類」應有的姿態，因而「5」也被認爲是表示人類本身的數字。

人的身體是由「五體」所構成。所謂五體是包括頭部的胴體、兩隻手、兩隻腳，合計爲五個部份。所以雙手、雙腳伸張的姿勢所形成的「五體」乃是人的姿態。

畢達哥拉斯學派的人，打算把代表協調與正義且能傳達人性的「5」這個數字當做

畢達哥拉斯教團之星

自己教團的標記。因此，將「5」改成五角形的圖形。這就是「星記號」的起源。

當時的人們，對於五角形的物體覺得帶有神秘的意義。在自然界中找尋五角形的物體做爲護符，或搭建五角形的建築物以培養咒術力。

直到目前在歐美仍然持續這樣的信仰。譬如，美國防衛據點的國防部的建築物，一般稱爲「Peentagon」亦即「五角形」的意思。

畢達哥拉斯對數字的觀念並非比較量的多少，其眞正目的乃在於，思考數字所擁有的意義或與宇宙之間的調和等關係。

## 「大衛星」表示什麼？

至於「6」這個數字，因是女性的「2」乘以男性的數字「3」而成，被認爲是象徵「愛」「結婚」的數字。

再者，「6」也和有兩個正三角形組合成的，所謂六星形及六線圖形有關。五星形被認爲是畢達哥拉斯教團的象徵標記，而六星形（雙重三角形）則被當做是象徵宇宙的星。

朝上的三角形和朝下的三角形組合一起，就是六星形。朝上是象徵女性，朝下是象徵男性，二者的結合象徵「愛」「宇宙」「秩序」。

這個六星形被認爲是「大衛星」，它是猶太教的標記。

朝上呈安定形狀的三角形表示「大地」「靜」，而朝下容易移動的不安定三角形，則表示「天空」「動」。

換言之，宇宙原理可以由這兩個三角形表露無遺。

兩個正三角形合體而成的六星形，是代表宇宙本身。後面所介紹的數秘術的出生圖表，之所以使用這個六星形，乃是居於上述的原理。

假設數字傳達了一切，人的性格、個性、素質等也應可由數字表現。事實上，這乃是數秘術的起點。

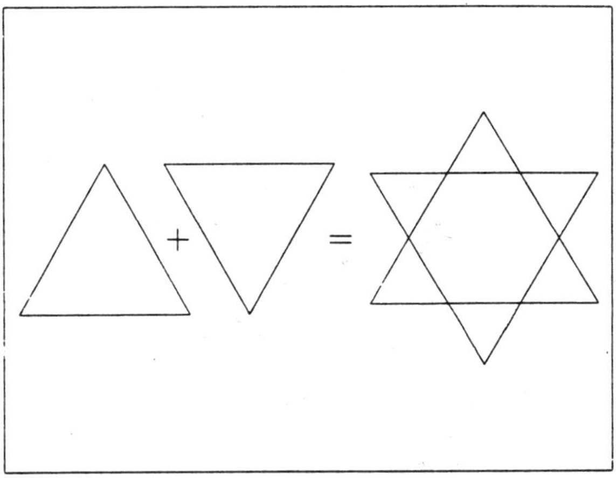

追溯數字原本擁有的意義，再徹底地解明「出生年月日」，必可清楚地浮雕自己未曾察覺或懵懂無知的過去、現在及未來。

本書是運用以下四種方法做爲占卜。

①合計出生年月日的數字求得「秘數」，以判斷自己的基本運勢。

②根據「秘數」，利用三角形判斷一生運勢的消長或運勢亨通的年齡。

③利用三角形判斷某特定年自己運勢的推移。

④製造根據六星形（雙重三角形）的出生圖，判斷自己的性格、素質。

利用這四種方法並應用畢達哥拉斯曾經研究的數字秘密及三角形，來占卜讀者各位的一切。

## 算出你的「秘數」

在數秘術中，是利用生年月日以清楚地呈現個人的個性。這個方法乍看下似乎和以往經常使用的數命術類似，其實它們解釋的方法並不相同。

首先，根據個人的出生年月日計算支配一生的「秘數」。將出生年月日中所有的數字合計起來所得的數字將成爲支配個人命運的重要數字。

出生年月日請改成西曆來計算。

合計的數字一直加算到成個位數爲止，最後所得的「1」到「9」之間的數字，就是個人的「秘數」。

例如，一九五九年十一月十八日出生者，1+9+5+9+1+1+1+8=35→

3+5=8

這個人的「秘數」就是「8」。

數秘術中「3+1+5」和「6+2+1」的合計都是「9」，雖然其間各個數字不同，但認定有其共通之處。

因此，所有的數字都能換算爲「1」到「9」之間的數字。

另舉一例，一九三一年六月十八日出生者，其秘數如下：

1＋9＋3＋1＋6＋1＋8＝29 → 2＋9＝11 → 1＋1＝2

加算出生年月日的數字，最後呈二位數字時再加算這兩個數字變成一位數，最後得到「2」的數字。

根據這個算式，所有人的出生年月日都可以更換爲「1」到「9」之間的數字。

但二位數字中的「11」和「22」有其命運上的特殊含意。

所以，前例的一九三一年六月十八日出生者的「秘數」不是「2」，而是「11」。

「10」被認爲是象徵宇宙的完全數，「11」是完全數「10」再加「1」而成的數字，因而具有從完整無缺的狀態下重新出發的意思。因此，「11」不必再加算爲1＋1＝2的算法，這個數字可以獨立，而和「2」做區別。

同樣地，「22」也不做2＋2＝4的算式。因爲，「22」的數字本身也富有特殊的含意。

根據猶太人自古相傳以數字爲根據，做爲判斷命運的秘典「卡巴拉」所言，「22」是象徵宇宙中的「時間」和「空間」的重要數字，必須和其它數字有所區別。因此，在數秘術中「22」也是獨立的數字。

根據以上的說明，各個數字潛藏著象徵性的意義與特徵而成爲「秘數」，它們可以用以下一句話來表現。

秘數「1」……王冠星　秘數「2」……知性星　秘數「3」……發展星
秘數「4」……基礎星　秘數「5」……行動星　秘數「6」……調和星
秘數「7」……完全星　秘數「8」……支配星　秘數「9」……神秘星
秘數「11」……革新星　秘數「22」……大幸運星

接著根據各個秘數，具體地說明其所具有的特徵。

讀者各位，您的秘數是多少？尚未算出的人可參考萬年曆。將你的出生年月日分成各自獨立的一位數字，再依序合計起來，注意最後所得的兩位數是否是「11」或「22」，除了這兩個數字之外再把二位數加算成一位數，所得的答案就是秘數。

# 1

# 秘數告知你的性格與人生及戀愛

## 秘數1——王冠星

「1」是象徵統一、至高無上的數字。它是一切萬物的中心，且代表獨立心。

心理學上的「1」暗示行動力、指導力。占星術中「1」是表示太陽的數字。在身體上「1」是表示頭部或脊髓。

塔羅特・卡片（Tarot・card）中，「1」被譬喻爲巧妙操縱物品的「魔術師」。

在歐洲的數字命運術中，歷史悠久的「卡巴拉」將「1」代表王冠。

「1」也表示人直立不動的姿勢。除了中國、日本之外，古代的數字有許多用垂直線描繪有如人體站立的姿勢。

「1」表示統一，也常使用於代表事物的起源，同時也暗示唯一、支配者。

著名的心理學家榮格博士認爲「1」象徵調和，表現統合獨立者、混亂者的姿勢。

秘數是「1」的人做任何事的成功率都非常高。給人的印象是意志堅強富有指導能力。無論處於任何狀況都不慌不忙，冷靜地判斷事物，具有處理事物的卓越能力。外表沉靜而內在隱藏著大膽的行動力與勇氣。這是周遭者信賴的人物，掌握領導權的類型。

## 喜怒不形於色的性格

在戀愛方面容易演變成以自我爲中心而擅自論斷的戀情。即使喜歡對方也不表現出來，因而恐怕遭受誤解。具有發展爲合理性的戀愛關係的傾向，鮮少基於同情而發展爲愛情。婚後會以工作或興趣爲優先，不重視家庭生活。

男性是唯我獨尊型，全心投入工作中，容易演變成根本不顧家庭的傾向。因此，這種男性的妻子必須是能善理家務的人。

有些人可能會娶年紀較大的女性爲妻。

工作方面富有指導力、判斷力也具熱忱，在出世坦道上平步青雲。擅長掌握時機，也具有在投機的事業上賺錢的才能。從身無分文建立財產與地位的人意外地多，對於一般人感覺無望而放棄的事，也會堅持超強的耐力與信念而貫徹始終。

女性給人親切的印象，因而年紀輕輕即成爲人人仰慕的人緣者。而且，縱然並非絕世美人，也會有許多的追求者。

## 秘數2——知性星

數秘術中「2」被認爲是「女性」的數字。因爲，它是象徵均衡、謹慎的數字。心理學上的「2」是適應的數字，表示人際往來、協調、協助、理解力。它也表示對他人的體貼與同情心，討厭獨來獨往的數字。

「2」在身體方面是表示身體的兩側、大腦及左右的平衡感。

星占術中「2」象徵月亮，表示母性愛及理性。而在搭羅特卡片中，被譬喻爲知性的「高僧」。

秘數「2」的人，情緒有高有低，感興趣時會專注投入，甚或沉迷其中。但可能思慮過度或過於拘泥某事而錯失機會。如果再具備一點實行力，應該是無懈可擊的人。

### 有異性緣卻晚婚……

生性操勞，在戀愛方面也常因對方的一舉一動而忽喜忽憂。

天生散發出一股沉著的氣質，若是男性極受異性歡迎，但缺點是缺乏積極性常令女方感到浮躁不安。

但這種類型婚後精神面會變得踏實。

女性也是相當受人歡迎的人。也因此常是晚婚者。多數人似乎對工作感到喜悅，在戀愛、工作中享受樂趣，而忽視了婚姻。

十年代的少女即談戀愛，而通常已失去處女的，也是秘數「2」的女性。因爲天生早熟，極受年長者的吸引所致。

富有構想也能發揮才幹。如果朝興趣延伸的工作或必須有專業知識的工作發展，必有好結果。而以女性爲對象的工作成功率較高。

内斂、行動前充份思考的類型。不好爭執，渴望糾紛能和平解決。能設身爲他人著想，對他人的遭遇感同身受給予安慰。溫柔且感受性非常強的人。

## 秘數3——發展星

「3」在數秘術中是除了「1」最早出現的奇數，因而被認爲是代表「男人」的數字。

「3」是具有強大力量的數字。它代表創造、自我表現，佛洛伊德稱此數爲SEX數。

「3」因其將内在擁有的力量向外發展的特點，而象徵創造嶄新事物的熱能。在人際關係中，只要三人聚集一處即顯得活潑、熱鬧。但「3」也有負面的影響，它會造成破壞與混亂。

在身體方面「3」和聲音、喉嚨、肺具有關係。

占星術中表示最幸運的星、木星。

秘數是「3」的人，富有社交性而受人歡迎。個性開朗但不服輸，一旦下定決心的事即使遭受再大的反對也付諸實行。重視與他人的交際往來，也會努力地配合他人。因此，交友廣泛，常有同伴或前輩的協助。

戀愛方面常暴露叛逆的性格。單向地灌輸己見，從戀愛到結婚凡事都以自己的步調進行。擁有家庭之後也以自我爲中心，但不會干涉無聊的小事。不過，婚姻伙伴若沒有相當的理解與體貼之心，恐怕會招來破裂。

## 少時辛苦得以回報

擁有卓越的才華，能使自己的計劃企業化。出現敵手更會發憤圖強，展現不服輸的

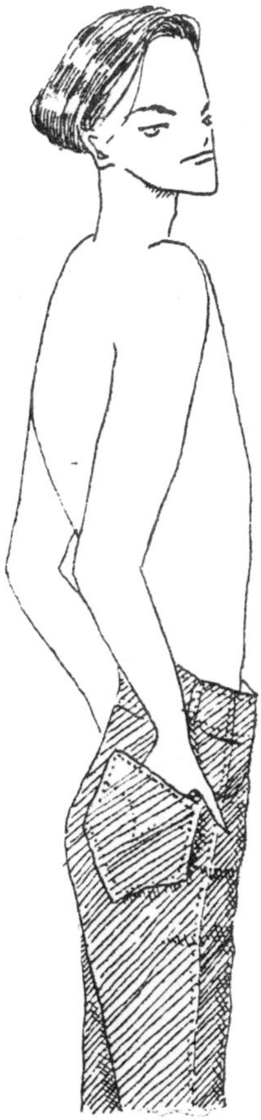

性格，因而在任何地方都能嶄露頭角。但是否能擁有地位、名譽全靠身邊的伙伴而定。

多數人會在大組織、大企業中一路邁向人生的坦道，而不論在任何組織內總是受人注目，成爲話題。「3」的人其眞正實力只能在組織、社會或團體內發揮，因而很難「獨自闖蕩」而獲致成功。

最後能掌握成功的幸運人，但年輕時候可能會經歷一番波折、苦勞。

這種人，越辛苦越能發揮實力。

日後功成名就常令周遭者驚嘆：「士別三日令人刮目相看！」的就是這種類型。

秘數是「3」的人，是能夠讓人感受談話樂趣的人，因而交友相當廣泛。

## 秘數 4 ——基礎星

「4」和十字架或四角形有相當密切的關係。建築物的基礎或樑柱之基也是「4」的數字。

表示地理的四方位（東西南北）或第一個男人的姓名亞當（Adam）的四個文字及

世界四大大陸（歐亞大陸、非洲、北美、南美）等，「4」都是建立整體的基礎數字。

榮格博士認爲「4」是和人的精神、靈魂相結合的數字，也許它是表現人的心理作用的最基本態勢。

占星術中認爲「4」和土星一體。

身體方面「4」象徵手足。它表示在世界各地走動所必要的雙腳及移動萬物所必要的雙手。

「4」所表現的是安全爲第一、踏實努力、一步步往前進的意思。

搭羅特卡片則認爲「4」是統治物質的世界，建立穩建基礎的「皇帝」。

秘數是「4」的人，是勤勉且踏實而受人信賴。面對變化會表現保守的態勢因而可

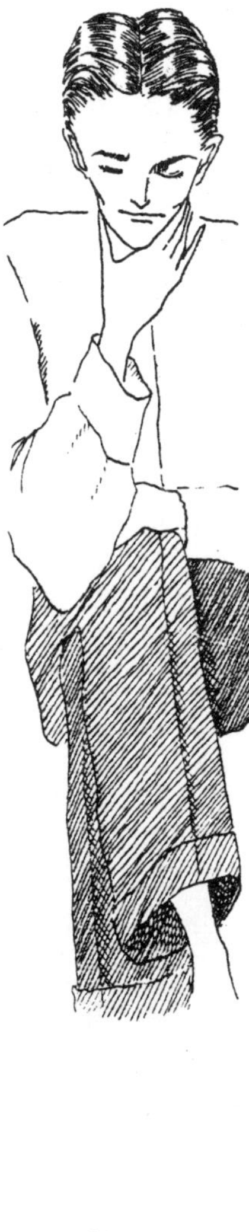

能失去重大的目標。但卻是最值得交往的朋友，對於認定的知己終其一生永不改變。

在生活態度方面略爲保守，以安全第一爲主義。內向略帶神經質。喜好沉思而懶得行動，具備敏銳的直覺力能洞穿他人內心所想，可說是感受性相當敏銳的人。

秘數是「4」的男性，對待女性極爲親切，處事周到令情人吃驚不已。有人喜愛這樣的性格而渴望招贅，這也是此種類型者的特徵。生性善良的男性可能基於同情而發展爲愛情，甚至跟出生背景南轅北轍的女人結婚。婚後不改天生的溫柔，必成爲體貼的丈夫。愉快地幫忙家事享受二人的生活。但如果女性表現強硬的態度，極有可能變成PTT（怕太太）。

## 婚後以家事爲重

女性在結婚之前會順從父母，絕不無理強求，青春歲月風平浪靜。旁人代爲決定的對象即可獲得滿足，通常會在相親中選擇結婚對象。婚後一心一意照顧家庭，投入三餐料理與家事中，爲子女犧牲奉獻，成爲好媽媽。

一般而言個性冷靜，不會暴露自己的感情。雖然可能經歷一段辛苦，但二十年代、三十年代即會掌握運勢。憑著天生的耐力與努力而掌握機會的人，失敗後絕不重蹈覆轍。但很容易陷入一成不變的生活，稍欠生活的樂趣。

擁有遠大的目標即會燃起鬥志，具有強烈的運勢，能使不可能變成可能。也是擁有眞正協助者的人。在緊要關頭有貴人相助或值得倚賴的朋友出現。而自己本身對待朋友也是犧牲奉獻的態度。

擁有「4」秘數的女性，適合在團體中工作，具備迎合周遭環境、狀況的資質。對能夠按步就班依自己的步調從事的打工式工作或美容相關業感興趣。

## 秘數5——行動星

「5」在秘數術中是象徵人的數字。它代表人的五體，象徵頭部筆直挺立、雙手伸展、兩腳開立的人的姿勢。同時也表示人所具有的五感（視覺、聽覺、嗅覺、味覺、觸覺），它等於是四處活動的人。

「5」代表進步、冒險、行動力。如果出現負面的性格則是不負責任、任性。

占星術中認為「5」和水星及火星有密切關係。

秘數是「5」的人處事機伶、性急、敏捷，重視個人的自由。追求行動與冒險，不擅長在事前訂定計劃。衝動而急躁但卻具有神奇的魅力與體貼之心。

若是女性必成為團體內的人緣者，通常是受人信賴的領導人物，活動範圍廣泛。這種人談起戀愛如果遭受反對會激發熱情與叛逆性。可能在旅遊地發生預想不到的戀情或永遠忘懷不了某個異性。

「5」的人一般具有強烈的自我顯示慾。興趣廣泛，對文學、音樂、繪畫等都有興趣。總之，腦筋靈敏、理解力高，任何事都能發揮獨自的魅力而深受信賴。因而平凡的事物無法獲得滿足。

## 難以相處之感

也許在待人方面顯得冷淡，給人難以相處之感。

或許因為如此，常見晚婚者。但婚後成為體貼十足而值得信賴的丈夫或妻子。擁有前衛的觀念，若是男性不會反對妻子在工作上發揮個人的才華。

對流行敏感並掌控自如，表現積極的一面。多才多藝擁有許多副業而搞不清楚其眞正的職業。轉職之後會發揮更大的實力。在標榜實力第一的職場才是這種人活躍的舞台。

「5」的人擁有羅漫蒂克的人生，在演藝圈活躍的人當中「5」秘數的人在踏進這個舞台時常有令旁人驚訝的意外事件。年輕時的辛苦會因掌握機會而激勵向上心且獲得機運。「5」的人在擁有機會之前會經歷一番苦勞，但一旦掌握機會必會發揮十二萬分的實力。

率先行動而不沉溺於思考。略帶性急的個性卻具有令旁人感到快活的才能，運勢之強無人可比且受人歡迎。

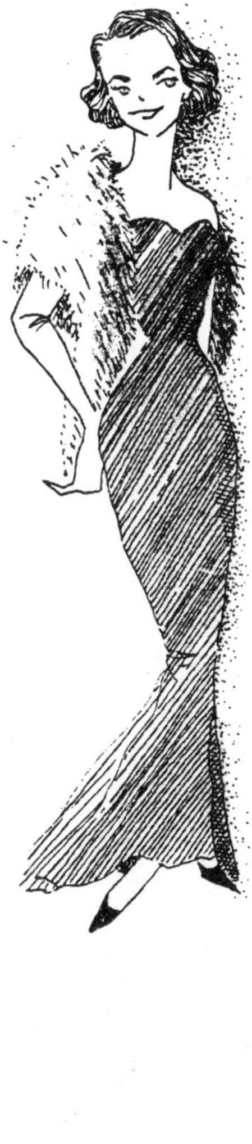

## 秘數 6 ——調和星

「6」是表示美與均衡的數字。數秘術中由女性的數「2」和男性的數「3」合體（2×3）而製造出來的「6」，是愛的結晶，象徵美與完成。根據數秘術做占卜而使用雙重三角形（六角星），乃是因「6」是完全數。

古來著名的數字命運術「卡巴拉」中，指稱「6」是基於中心的數字，表示愛與現實之間調和的完全美的數字。

心理學上通常認爲「6」是象徵調和、幸福的家庭、健康、愛情、奉獻。

在身體方面，「6」和心臟、血管系、性器等相關。

而在占星術上認爲它是表示金星的數字。至於塔羅特卡片，則將「6」當做表示男女之間完全調和的「愛」的卡片。

秘數是「6」的人個性顯得獨特，追求家庭的氣氛、喜好音樂或繪畫，渴望夢想與現實能保持均衡的生活。

具有體貼心，能爲他人貢獻己力。若爲人父母，是對兒女關切過度反而阻礙兒童獨立的類型。有時會表現過度的體貼。

## 溫和的親切感深具魅力

富有公平競爭的精神，也是追求愛情與美的人。因而具有強烈的責任感，能忠實地執行任務。溫和的親切感所散發的魅力吸引了許多人，常令初次見面者留下深刻印象。因爲，這種人的內心永遠帶著美感、時髦的思維，一旦掌握人緣之後會爆發式地擴散開來，擁有多數的伙伴。

總而言之，是服務精神相當旺盛的人，對細微小事也注意周到，率先履行他人所厭惡的事。處事會先充份顧慮對方的感受，絕不說令人不快的事。

生性認眞無法做出虧心事，看到有人不遵守時間或忘記約定，會感到憤怒甚至以言詞責難，聽不進對方的解釋。這種人發起怒來令人畏懼，但若是知己同伴，則是令人信賴的人。

重視義理人情，絕不忘記照顧或幫助過自己的人的恩惠。珍惜朋友之間的友誼，爲朋友表現犧牲奉獻的服務精神，當然，生性不擅說謊，因而不論是工作或遊戲都會卯足勁拼命去幹。

## 秘數7——完全星

不論東西洋，自古以來「7」被認爲是相當重要的數字。原因乃「7」是古代人可以親眼目睹且非常重視的七星（月、太陽、水星、金星、火星、木星、土星）的數字，也是彩虹的七個顏色，同時是人頭部七穴（雙目、雙耳、雙鼻、口）的數目。

「7」也表示神秘、知識、學問、研究、分析、瞑想的數字。

在身體方面，「7」表示內分泌器官。

占星術中認爲它和海王星關係密切。

而在塔羅特卡片中，「7」表示心和身體及魂魄三位一體的「戰車」，而表示其中的完全調和的也是「7」。

秘數是「7」的人，思慮細膩具有分析力，熱烈追求知識與美。但不願接納他人的意見而陷入完全主義。經常標榜不切實際的高遠目標。因而常會造成孤立。

生性頑固，若不親身體驗則不信服，傾向於選擇值得信賴的友人，不廣泛地與他人交際。

## 不在他人前落淚

鮮少暴露自己的感情，冷靜的人。在他人前絕不落淚也鮮少大聲歡笑，碰到不快或心酸的事，會一個人躲起來嚎啕大哭，這種表現和他外在的冷峻令人感到意外。

在工作上富有責任感，也具備貫徹始終的實行力與耐力。禮儀端正，對待長上、長輩懂得言詞上的修飾與尊敬。

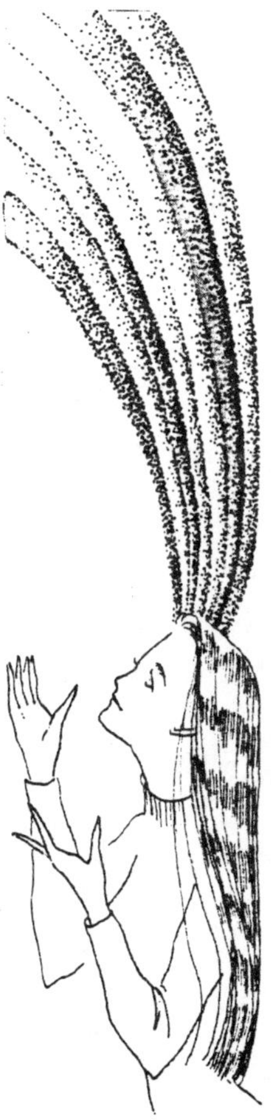

雖然話不多，但在必要的時候具有勇氣去表現難得的熱情。不受他人意見左右，且討厭模稜兩可的對待事物。雖然不會標榜個人的意見，但卻根據自己的觀念採取行動，屬於不言實行型。由於這樣的性格，可能造成與他人爭執，不過這也可能是生性固執不與他人妥協所造成。

品味高、內斂、喜愛孤獨，討厭宴會等衆人聚集的場所，給人難以親近的印象。熱衷於占卜術或宗教，從年輕時代開始莫名地給人老成的印象。

## 秘數8——支配星

「8」是表示基礎數的「4」的倍數。換言之，它意味著雙重的基礎。也可說在自己周遭建立雙重的防堵。心理學上「8」象徵組織力、支配力、權力。

身體方面的「8」是表示人體的骨格數。占星術上「8」和土星相關，被認爲代表成功與支配的數字。「8」含有破壞與成功、戰爭與和平的兩極對立。在數字中是最爲強力而能發揮支配力的數字。

秘數是「8」的人，具有卓越的集中力。個性堅強，擁有堅定的意志，不安於現有的平淡。是成功或失敗？抉擇非常明確。好勝心強，一旦開戰必貫徹到底。

## 喜愛戲劇性的人生

生性熱情喜愛極端的生活，對戲劇性的人生帶有憧憬。對於自己所決定的事會力排衆難而完成。這也正是「8」秘數者開創新局的根源。

在戀愛方面也非常熱情，其激烈的情況可謂「爲戀愛而生、爲戀愛而死。」一旦找到意中人必全力追求，不輕易放棄。婚後仍然不改喜愛變化的活動派，似乎一點時間也不浪費。休假日絕不會靜待家中。

爲工作賣命的人，全心投入而腦海中無刻不念著工作。因此可能會有意想不到的創舉。對任何新穎的事物都有積極挑戰的鬥志，這個積極性正是獲致成功的關鍵。

## 秘數9——神秘星

「9」是表示完成的數字。它是以「10」爲單位的最後數字，因而也是一個返折點。

占星術上「9」所表現的形狀是，三個星以四十度的角度組成正三角形的配置，是三個爲一體的姿態。這在星的配置上最爲完整、協調，因而秘數是「9」的人，身心都相當均衡。

身體強壯從不患病、受傷。但缺點是認定自己身強力壯而有魯莽的行動。有時暴飲暴食，有時成天不吃東西，或睡眠時間不規則。

但即使身心暫時地失去均衡，也會因天生具有的回復力而立即恢復正常。

「9」這個數字是表示人間愛、哲學、神秘主義、理想主義。因而秘數是「9」的人，常見對人類帶有深厚關愛的哲學家、作家或音樂家。

秘數「9」的人生，性容易感傷易受傷害，是追求理想的人道主義者。喜愛哲學或心靈方面的世界，對現實社會經常帶有絕望感。因而某些人非常喜愛他，某些人卻相當討厭。

## 外表的冷靜常遭受誤解

乍看下顯得冷淡，其實內在溫柔，看似強悍其實感受性非常細膩而豐富，光從外表難以掌握的性格。帶有秘密主義的色彩，很難暴露眞正的自己。表現頑強或口出豪語時，乃是避免暴露缺點的掩飾。

對身上的穿著打扮極爲挑剔，喜愛穿著引人注目的服飾來標榜個性，但總覺得不搭調。在興趣、嗜好方面和身心的平衡正好相反地顯得不對調。

具有體貼心能夠注意到細微的小事，心地善良會疼惜年幼者。因而會受到年幼者的信賴。

三十歲以前的人生和往後的人生截然不同。因爲敵、我雙方畫分極爲清楚，在意外之處常會樹敵。這種人內在的溫柔不會表現出來，而外在的冷淡或秘密主義反而招來許多誤解。某些時期會對宗教極度熱忱，使旁人大吃一驚。

## 秘數11——革新星

根據中國易的思想，由「5」和「6」合計而成的「11」，是表示天空與大地的結合、小宇宙與大宇宙結合的數字，屬於革新的數字。

在超自然界中，「11」也通常隱藏有神秘的意義。根據這些解釋，「11」帶有受胎、創造的意義。人體中「穴」的數目男女間不同。男性有10穴（雙眼、雙耳、雙鼻、口、臍、尿道口、肛門），而女性再加膣口共有11個。

在中世歐洲，認爲精子是否能在女子的卵巢内發育的關鍵是11天，而胎兒從母體會承繼11種能力。根據這類超自然現象的觀念，「11」乃是人類創造的數字。

### 討厭平凡的生活

秘數是「11」的人，具有進步、追求夢想傾向。

「11」在數秘術中由於是第一個二位數，有許多比一位數秘術更能發揮個性的人。

追求前衛的事物，對現狀感到不滿。喜愛刺激與旅行。

具有卓越的洞察力與直覺，對於神秘、未知的事物帶有強烈的好奇心。平凡的事物無法獲得滿足，對宗教、哲學、心理學、占卜等方面興趣特別濃厚。但卻不擅長使自己的構想或夢想付諸實現。

雖然能夠掌握旁人的心，在精神方面成爲領導者，但實際的工作上卻非稱職的領導者。這種人喜愛自由生活而不受組織的束縛。如果才能得以發揮，甚至會成爲教主或大詩人。

## 秘數22 ── 大幸運星

與數秘術關係密切的「卡巴拉」，認爲「22」是表示時間與空間的數字。「卡巴拉」中指稱表示宇宙的是四個文字，表示理性的是七個文字，表示感情世界的是十一個文字，而這些數字的合計（4＋7＋11）的「22」，是象徵宇宙的時間與空間。

塔羅特卡片中最主要的卡片「大阿魯卡納」是22張，這也是基於「22」所象徵的「

世界」的時間與空間，及其歷史和意義而制定。

「22」的十倍數是「220」，在古歐洲「220」的意思是「亙古」「太古」。

## 最幸運的人

秘數是「22」的人，幾乎從未體驗過歹運。可見是個運勢亨通的人。自覺無能爲力而放棄時，常有協助者出現給予助力。可以說是世界上最幸運的人。具有支配力、指導力，同時兼具秘數「1」者所擁有的能力和秘數「4」所具有的安全性。

年輕時即能實現願望並綻放魅力的人。自然地受到周遭者的注目，而在人群中發揮實力。年輕有爲、事業飛黃騰達的菁英，通常都是「22」的人。

但性格方面偏向以自我爲中心，對自己的能力有過信的傾向。

# 2

# 秘數和秘數之間的投緣性

## 與他人的投緣性……

第一章概括地説明各個秘數所表現的人生整體的運勢及個人的性格，而本章則分析各個秘數之間的投緣性。

有些人初次見面後意外地感到投緣或深受其吸引，而有些人則令人不知如何以對。人與人之間投緣性的好壞和雙方所擁有的秘數的正、負力量有極大的關係。

不論在工作或情場上，如果彼此發揮正面力量的人相處一起，必能發揮單一的個人所想像不到的能力。

相反地，不得已必須和產生負面力量作用者共同行動時，也可能藉由掌握其性格而瞭解自己應採取的行動。總而言之，我們先來看看任何人最在意的與「意中人」的投緣性。

## 秘數1的投緣運

秘數是「1」的人，在戀愛或工作上若能與秘數「2」「6」的人搭配，通常會掌握幸運。和「1」投緣性佳的「2」和「6」都是平穩的數字，能夠和「1」所具有的國王性格適切地配合。尤其對於帶有攻擊性、言行舉止有如暴君的「1」，能以輔佐者的立場給予協助，緩和其人際關係的緊張。

投緣性差的，是擁有同樣性格的秘數「1」的人。尤其在工作上容易形成意見的對立而發展爲競敵關係。二人相處時常有不平不滿的情緒，關係難以持久。

對秘數「1」的人而言：

有益的秘數……「2」「6」

對等的秘數……「3」「4」「5」「7」「8」「9」「22」

有害的秘數……「1」「11」

## 秘數2的投緣運

「2」是均衡的數字。換言之是具有協調性格的數字。因此，很容易變成八面玲瓏型。凡事過於顧慮對方，以對方爲本位而說不出個人的意見、想法，明白自己遭受損失卻無能爲力。如果能和充份理解自己感受的「4」「6」，或同樣是「2」秘數的人相處，必會度過愉快的時光。

「2」的人渴望他人的支配或追求能帶領自己而產生信賴的人，因而「1」「8」的人是最佳拍檔。相反地，「7」「9」個性内向的人，對「2」是難以捉摸的對象。

在戀愛或工作方面，「2」所表現的是爲對方犧牲奉獻的態度，因而若是女性，將成爲賢妻良母。

對秘數「2」的人而言：

有益的秘數……「2」「4」「6」

對等的秘數……「1」「3」「5」「8」「11」「22」

有害的秘數……「7」「9」

不過有一點必須注意。

以秘數「1」的立場而言和「2」的投緣性最佳，但以「2」的立場而言，「1」只是「對等的投緣性」。這乃是主體性的問題，這類關係時有所見請注意。

如果對自己而言是投緣性佳的人，即使以對方而言是差強人意的匹配性，二人必能相處得宜。

## 秘數3的投緣運

「3」具有和任何人相處融洽的素質，找尋與自己投緣的人並不困難。而在團體中只要有一個是秘數「3」的人，工作即具有發展性，而整體的人際關係也顯得生動活潑。

對「3」的人而言，投緣性佳而對其有益的秘數是「1」「5」「8」。尤其在工作上和「1」的人是最理想的組合。

對秘數「3」的人而言：

有益的秘數……「1」「5」「8」

對等的秘數……「2」「3」「4」「6」「7」「9」「11」「22」

有害的秘數……並沒有特定的數字。

## 秘數4的投緣運

秘數是「4」的人，是安全第一主義者。通常是處事慎重的人，也許要花費較長的時間才能結識與自己投緣的人。雖然彼此投緣卻提不起勁與之配合，或錯失搭檔的機會。一般而言，和同樣是「4」或「7」「9」的彼此投緣，這些人因能充份理解「4」的人所具有的踏實觀念而成爲最佳伙伴。

而在不好的投緣性中，關係容易變得牽扯不清的是「3」「5」的組合。一般而言，「4」的人容易變得消沉，因而必須選擇具有幽默感且個性開朗的人做伙伴。

對秘數「4」的人而言：

有益的秘數……「4」「7」「9」
對等的秘數……「1」「2」「6」「8」「11」「22」
有害的秘數……「3」「5」

## 秘數5的投緣運

這種人不論談戀愛或在其他的人際關係上都過於率性自爲，而對他人的好惡也非常明顯。因此，找到與自己最爲投緣的人可煞費苦心。因爲，剛開始彼此可能相處融洽，但刹那間心情一改則又互相唾棄。

一般而言，和秘數同樣是「5」的結合可獲得最大的滿足度。但二人在婚前似乎會遭受旁人的反對或捲入糾紛中。戲劇性戀愛的結果，終於有情人結爲眷屬的情侶中，常見「5」的伴侶也是這個緣故。和「1」「4」「9」最不投緣。常有意見的對立，彼此也無法理解對方的感受。

對秘數「5」的人而言，

有益的秘數……「5」
對等的秘數……「2」「3」「6」「7」「8」「11」「22」
有害的秘數……「1」「4」「9」

## 秘數6的投緣運

追求完美的人，無論做任何事都以家庭爲重，通常會有安定的婚姻生活。和同樣是「6」的人會組成最完美的婚姻。而和「2」「3」「5」的結婚或在工作上似乎有許多可以發展的機會。

但和「7」之間會有正好相反的情況，常有意見上的齟齬。對「6」類型的人而言，最重要的是選擇富有家庭觀、個性溫和的人爲伴侶。

對秘數「6」的人而言：
有益的秘數……「2」「3」「5」「6」
對等的秘數……「1」「4」「8」「9」「11」「22」

有害的秘數……「7」

## 秘數7的投緣運

投緣的秘數是「9」「4」「7」的人。秘數是「7」的人，不論在愛情或工作上都會在意伙伴與自己是否合得來。而「9」「4」「7」具有穩定的氣質與性格，應能掌握「7」的心。

特別具有問題的是，掩飾自己的感情、眞心而不暴露在外的「2」或「6」之間的投緣性。相處再久也合不來。若能信任、尊敬對方和「1」或「8」也能相處得宜。

對秘數「7」的人而言：

有益的秘數……「4」「7」「9」

對等的秘數……「1」「3」「5」「8」「11」「22」

有害的秘數……「2」「6」

## 秘數8的投緣運

若能及早掌握對方的個性，和秘數「2」應是相當投緣的人。「2」的溫柔、同情心若能表現出來，「8」應會立即產生反應。在工作方面「8」的四周很容易聚集「2」的協助者。而個性溫和的「7」「4」「9」對「8」的人而言，也是容易相處的人。但因無法直接表達愛情而難以發展到強烈地受對方吸引的地步。對「8」的人而言，所必要的是能慢慢地理解其心意的伴侶。

最合不來的是秘數「1」的人，會因對方過於勉強的行止感到憤怒或不滿。

對秘數是「8」的人而言：

有益的秘數……「2」「4」「7」「9」

對等的秘數……「3」「5」「6」「8」「11」「22」

有害的秘數……「1」

## 秘數9的投緣運

投緣性最佳的是「4」「7」「9」的人，如果興趣、目標一致更相得益彰。尤其是和秘數「2」的人，會有一見鍾情或彼此投合的情況。充份理解「2」所表示的愛情及奉獻的努力，而自己也會積極地傳達勝過於對方的愛情。最合不來的是秘數「1」和「5」的人，因對方強人所難的舉止而憤怒或不滿。

對秘數「9」的人而言：

有益的秘數……「2」「4」「7」「9」

對等的秘數……「3」「6」「8」「11」「22」

有害的秘數……「1」「5」

## 秘數11的投緣運

「11」的人對待他人相當寬容。因而有許多合得來的人。但和任何人相處得宜這一點有時可能造成負面影響。因爲，可能被認爲是八面玲瓏型而招來誤解。

秘數是「11」的人，渴望心靈的結合，如果對方不是和自己一樣具有體貼心而重視「心靈」的人，則無法獲得滿足。

追求嶄新的事物，但總侷限在精神面，因而膝下有子後，對子女的關愛特別高乃是「11」的人之特徵。合得來的是同樣重視精神面的「2」或同是「11」的人。因爲，他們都是喜好旅行、享受生活的人。

和「4」「6」也能合得來且能提高滿足度。但卻不擅長迎合「1」或「22」的人。這乃是本能上排斥以工作爲第一，而不顧家庭或金錢慾太強的人。

對秘數「11」的人而言：

有益的秘數……「2」「4」「6」「11」

對等的秘數……「3」「5」「7」「8」「9」

有害的秘數……「1」「22」

## 秘數22的投緣運

在戀愛方面會明顯地表現好惡的人。雖然曾是一見鍾情的人卻草草分手，由此可見對方若無法迎合己意則不能感到滿足。產生愛意時表現奉獻的態度，一旦嫌棄對方則又暴露強烈的歹意。缺點是過於執著。對這種性格的「22」的人而言，最投緣的是「2」和「6」的人。

如果對方對自己高壓式的態度不表反抗，會感到浮躁不安。對「22」的人而言，最差的對象乃同是「22」的人。彼此都是秘數「22」的伴侶，彷彿兩個我行我素的人共處一處，必成爲競敵或認爲對方礙手礙腳。

對秘數「22」的人而言：

有益的秘數……「2」「6」

對等的秘數……「1」「3」「4」「5」「7」「8」「9」「11」

有害的秘數……「22」

# 3

# 工作運與財運

## 告訴你的適職、財運

沒有比能活用自己的適性從事工作更令人欣慰的事。不但具有工作的意義，且事半功倍。

但現實社會中，似乎有不少人在與自己志趣不合的崗位上工作而徒嘆無奈。那些行業才是自己最適合的工作呢？以下為各位分析秘數所暴露的各人特性，再從中為各位解答這個問題。

同時，也能從中瞭解自己是否具備金錢觀，擁有財富的機會等等。

快，我們趕快來檢証一下！

## 秘數1的適職、財運

喜好居於衆人之上，差使人而不願受人指指點點。在團體中非常在意自己的決斷或工作是否獲得旁人正確的評價。

適合擔任推銷員、管理職、商店經營者、發明創見、研究員、製作人。在辦公室裡很容易和上司形成對立。若是女性最好從事推銷相關業、設計師等能依自己的觀念處理事物的工作。

一般而言，是能掌握名聲與財富的人，因而有許多人擁有大財富。但賺得多花的也多。因融資貸款而失敗的，也是這種類型。

不當他人的保證人，不借貸可謂良策。雖然擅長經營股票或商品交易，卻也必須懂得進退的掌握。

自覺運勢不旺時，最好不要插手投機事業。

## 秘數2的適職、財運

富有創造才華、想像力，能夠成爲成功的演藝人員或音樂家。而心思細膩、善體人意的個性也適合從事銀行員、秘書的工作。

秘數「2」的女性，如從事發揮女性溫柔特點的職業，必獲得認可而相當活躍。也適合從事會計方面的工作、教授、醫學研究等值得他人信賴的工作。

「2」的人也是在團體中發揮構想的類型。若是男性，可以成爲超級的外交官。而擔任精神分析醫師、心理學家、電腦相關業也能發揮才幹。

一般而言，能夠活用想像力、構想的職場，遠比商場界更爲理想。

生性吝嗇不浪費，因而討厭金錢上的借貸。追求心靈的滿足勝於錢財等物質。而購買重大的物品時會三心兩意，無法下定決心。

這種人最好在不動產、定期存款等正統的管道上積蓄錢財，遠比玩股票或插手投機事業來得理想。

這種人的共通之處是，出人意外地會在朋友或親戚身上花費金錢或因他人而喪失積蓄。由於生性善良且懦弱而難以拒絕他人，當親戚朋友前來借款時，會輕易地借給並無確定償還計劃者，事後想要追回債款也不敢催討，而逕自困擾。

總而言之，不知道如何談論錢的事。不適合拓展財路。但有趣的是「2」的人鮮少爲金錢傷腦筋。可見其運勢亨通。

## 秘數3的適職、財運

由於對諸事感興趣，只要能找到適合自己的工作即可出人頭地。適合擔任大企業的上班族、作家、設計師、廣告業、出版業等工作。儘可能在可以充份發揮與生俱有的魅力的分野上一展長才。

若是女性，適合當明星、歌手、教師、護士、褓姆、兒童

福祉相關業、社工等。

而秘數是「3」的人，從事與人接觸的工作可以獲得人緣，通常能在影視相關業發揮其特殊的才華而活躍舞台。

有些人擁有兩個以上的職業，令人搞不清楚正職何在。

金錢方面相當浪費，常花得太多。

生活顯得氣派，常有衝動購買的慾望，可說是缺點。非常喜愛贈送他人禮物。

雖然生性浪費，卻擁有許多了不起的賺錢理念，也懂得如何去積蓄錢財。

因而在重要關頭能發揮卓越的財運。

這種人非常幸運，越辛苦越有賺錢的機會。

## 秘數4的適職、財運

最適合從事需要集中力或細心留意的工作。如技師、會計師、經理負責人、科學家、藥劑師、數學家等。而在新聞、雜誌業適合擔任編輯而非作家。科學的分野上能發揮卓越的才能。

「4」的人有許多是成功的軍人、警員。在組織中任勞任怨不畏嚴厲訓練的，是「4」者最大的優點。

對錢財也有牢實的觀念。生性節儉不浪費。隨時顧慮萬一而購物也儘量選擇廉價品或中古貨。同時，必先仔細調查、研究之後才採取行動。基本上是擁有踏實地努力工作而賺錢的觀念。因此，絕不會貿然地玩股票或參與投機、賭博的行爲。

## 秘數5的適職、財運

這種人幾乎擁有成功所必要的四個條件，即智慧、才能、精力與個性。但如果選擇不當的職業，會使積極的本性化爲烏有，這一點務必小心留意。適合擔任新聞從業人員、商業藝術家、飛行員、股票仲介者。

「5」的人，有多數在推銷相關業中創下佳績的人。受人歡迎的明星，也通常是「5」的數字。

對秘數是「5」的人而言，最重要的是留意職業的選擇。「5」者的特色之一是常有人因轉職而掌握機會。

但在金錢方面缺乏籌措的能力。雖然對賭博或投機的掙錢方式極感興趣，但所得和所投入的不成對比。可能成爲大富翁也可能變得赤貧如洗，財運呈兩極化。不如將金錢委任他人管理。而向「5」的人推銷保險鐵定無法成功。因爲，如何享受現在、爲現在而活遠比顧慮未來的金錢狀況或安全問題來得重要乃是「5」的人的金錢觀。

## 秘數6的適職、財運

適合擔任教師、社會事業家、護士、醫師等。特徵是給人極富信賴感的印象，不論任何工作都能十足地發揮自我。但如果處於指導者的立場，最好能壓抑慈悲心，如此當事者及手下的部屬雙方才能方便處理工作。也適合從事社會福祉相關業。

令人意外的是對於以賺錢為主的工作毫無興趣。如果所從事的工作並非為了世人、大衆或深獲衆人的歡迎則不感興趣。但這種類型中也有相當了不起的企業家，或白手起家成爲億萬富翁者。

「6」的人在賺錢這一方面也注重安全第一。即使擁有令人心羨的財富，也不會因此感到滿足。

雖是有錢人亦不浮華而節儉生活。絕對不浪費錢財做不必要的花費。絕不忘為了將來進行投資或加保險。不論生活或金錢都採完全主義的人。

如果秘數是「6」的人，卻為錢財奔波勞苦，問題乃在於走錯行或身邊的工作伙伴並非理想的人選。

## 秘數7的適職、財運

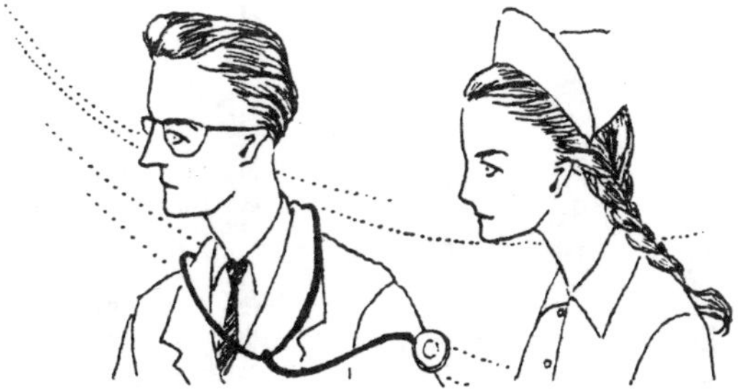

從事必須進行細膩分析與調查的工作必可發揮卓越的才華。其中尤以法律相關業、會計師、電腦相關業、各種精密機器的技師最適合。也有可能在自由業發揮穩紮穩打的實力。因爲，生性喜歡憑個人意志從事工作，而非在他人的指令下做事。因此，適合能發揮天生才華的工作而不是要求團隊精神的工作。

「7」的人對神秘的事物特別感興趣，有許多人在占卜業或宗教、指壓師、漢醫等工作上凸顯個人才華。

而經營相關業、推銷業等工作難以發揮個性。

秘數是「7」的女性適合擔任電腦程式設計師、資料記錄員、各種經營管理士、占卜師、禮儀指導家、氣象預報員。

對金錢並無特別的興趣。相反地，對於「金錢可以解決一切」的觀念略有排斥。不會因錢財與人爭執，可以克制金錢慾望的人。

懂得訂定預算、擅長錢財的籌措，在收入的範圍內恰如其份地生活。若是女性即使生活拮据，也必是位懂得調度錢財的賢妻。

但卻不擅長獨攬錢財的運用，是屬於在所接管的財務上適切調度而運用的人。

總而爲之，討厭爲錢財花心思的人。

## 秘數8的適職、財運

數秘術中「8」是出世運、買賣運最強的數字。自創事業一舉成功或成爲創業型的實業家。在衆多經營者中有多數白手起家而成功者的秘數是「8」。日本揚名世界的本田創業者，本田宗一郎先生的秘數也是「8」。

一般而言，從事經營相關業、推銷業、建築業、法律相關業能發揮才華。

從事運用集中力、獨創力、支配力的工作有許多獲致成功的機會，也具有在一般企業獲得認同、肯定的資質。尤其能在推銷業發揮長才。但必須得力於領導者或長輩的提攜。

若是女性，也有許多因領導者或優秀的長輩的建議或提拔

而發展的機會。

尤其能在服務相關業、導遊業、航空公司的地勤服務員大為活躍。具備實力足以成為組織的領導者，也擁有異性緣，因而可獲得他人的協助。

「8」的人具有拓展財運的能力。不論從事任何工作都能發揮天生的賺錢理念。同時具備卓越的經濟觀，在賺錢的構想或實行力上強過一般人。

甚至賭博也有敏銳的直覺，具備投資的才華。

而問題是如果選錯行業恐怕會因慾求不滿而大傷腦筋，甚至燃起詐欺之心而成為犯罪者。

## 秘數9的適職、財運

適合從事為人服務的工作，如醫師、護士、宗教指導家、作家、音樂家、婚姻顧問、救濟事業家等。如果喜愛神秘事物的人，適合擔任催眠師、魔術師。與法律相關的職業中律師比法官、檢查官適宜。

這種人不會執迷於錢財。有錢則花沒錢也無所謂。對於麻煩的錙銖計較不感興趣。甚至對於以賺錢爲目的的工作帶有厭惡感。因而常會獻身義工活動。

有趣的是，「9」的人一旦懂得金錢的價值，會一反常態變得節儉或成爲擅長處理金錢的權威。常有無心種樹柳成蔭的結果，意外地聚集財富。而爲他人所花費的金錢會漸漸轉換爲許多機會，乃是秘數「9」者的特徵。

## 秘數11的適職、財運

這個秘數常見優秀的學者、研究家、攝影師、畫家或者在電視相關業嶄露頭角的人。具有一般人想像不到的創見且能適切地表現的能力。若是女性可在流行服飾相關業、廣告業、美容師等職業上發揮才華。

若從事一般的職業，雖然會轉換各種工作或職場，卻也能發揮實力。金錢方面不擅長錢財的籌措。這乃是首重享受生活而倚賴他人的習性所致。討厭開口閉口談論錢財的問題而以理想或夢想爲中心過生活。

## 秘數22的適職、財運

一般而言，屬於管理階層的類型。喜好處於命令他人的立場而非受人指使。因而具有在政治界、商場界出人頭地的資質。從事需要決斷力、行動力的工作也能大大地發揮才幹。

這種人也適合從事藝術相關業或當電視明星，在這些行業應能博得人緣。而原本以興趣開始的工作漸漸成爲本業，隱藏的才能獲得認可而一躍成名。

總而言之，是多才多藝的人，在各種分野上必受注目。雖然不汲汲營營地追求錢財，卻有創造財富的機運。即使是賭博或玩股票等投機的事業，也有極大的發展。

# 4

# 幸運何時降臨？瞭解命運的規律

## 從三角形看命運的規律

所謂「人生有高有低」，有時運勢亨通事事順遂，有時霉運當頭徒勞無功。如果能瞭解人生高低起伏的規律，在運勢不暢時即可避免無謂的掙扎，且能順著命運的規律（生物時鐘），讓幸運導向更大的幸運。

數秘術中將人的一生以三角形（金字塔形）來表示，藉此可以輕易地瞭解命運的規律。這個金字塔形可大致區分爲四個階段。

如次頁圖所示，從三角形底邊的左側依序爲①、②、③、④等四個時期，①是開始的時期，從此展開第一階段。換言之，這是從幼童成長爲成年人後，朝自己的目標開始邁出的時期。

開始的時期因個人的「秘數」而有不同。

例如，秘數是「2」或「22」者，其開始時期較早，①的位置位於十年代中期。但秘數是「3」或「4」起步相當晚，是在三十年代之後。

以下列出各個秘數邁開人生開始時期的年齡。

秘數「1」的人……二六歲
秘數「2」的人……一六歲
秘數「3」的人……三三歲
秘數「4」的人……三二歲
秘數「5」的人……三一歲
秘數「6」的人……三〇歲
秘數「7」的人……二九歲
秘數「8」的人……二八歲
秘數「9」的人……二七歲
秘數「11」的人……二五歲
秘數「22」的人……一四歲

從自己的秘數瞭解開始起步的年齡之後，請填寫在金字塔周期表的①的位置。

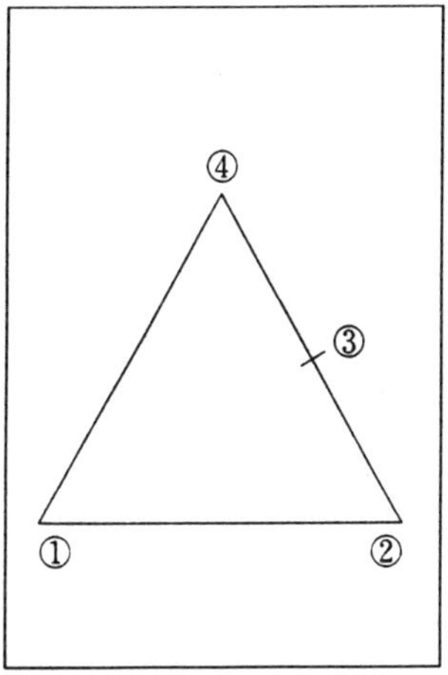

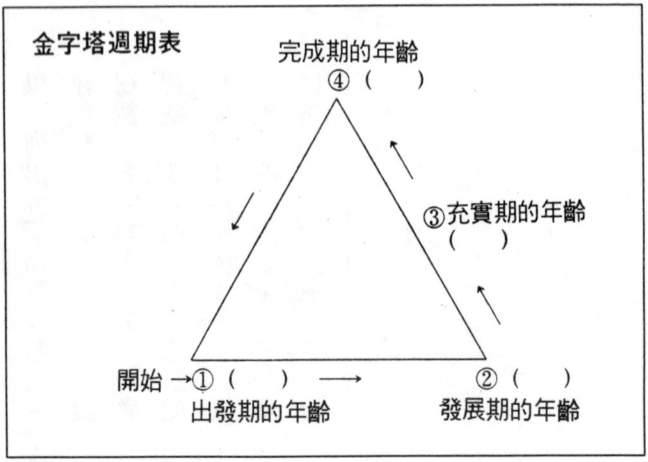


①是屬於第一階段，換言之是運勢的「出發期」。這是個人所擁有的才能、個性開始發揮在工作或人生上的時期。

②是第二階段，這是所從事的工作或努力開花結果並往前發展的「發展期」。

③是第三階段，這是以往的成果具現而充實的「充實期」。

④的第四階段是「完成期」。正好位於金字塔其形的頂點，表示達成目標的時期。

接著會面臨「下降期」。經過「下降期」回到①，再迎接「出發期」。

以上就是數秘術的三角形所表示的周期。

將上述內容再做詳細的分析時，如七七頁圖所示①到②之間可區分爲「積極期」二年、「消極期

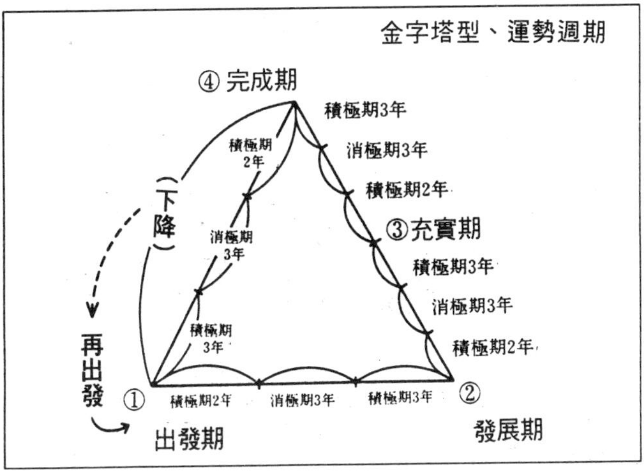


」三年、「積極期」三年。同樣地，從②到③、③到④、④到①之間各期以每九年（期間八年）爲一週期。

將各個秘數各時期的年齡整理成可一目瞭然的表，請參照這個圖表（七八頁），完成自己的金字塔週期表。一欄表中所記載的＋和－的記號各表示「積極期」和「消極期」。

## 幸運機會來臨的時期

從「出發期」到「發展期」之間有能積極發揮個人才能、特徵的期間及出現負面效果、缺點的期間。

一般而言，個人的運勢能十足發揮的，是從「

## 金字塔週期一覽表

| 秘数 | 1 | 2 | 3 | 4 | 5 | 6 | 7 | 8 | 9 | 11 | 22 |
|---|---|---|---|---|---|---|---|---|---|---|---|
| ①出發期 | 26歲 | 16歲 | 33歲 | 32歲 | 31歲 | 30歲 | 29歲 | 28歲 | 27歲 | 25歲 | 14歲 |
| | +27<br>28 | +17<br>18 | +34<br>35 | +33<br>34 | +32<br>33 | +31<br>32 | +30<br>31 | +29<br>30 | +28<br>29 | +26<br>27 | +15<br>16 |
| | −29<br>30<br>31 | −19<br>20<br>21 | −36<br>37<br>38 | −35<br>36<br>37 | −34<br>35<br>36 | −33<br>34<br>35 | −32<br>33<br>34 | −31<br>32<br>33 | −30<br>31<br>32 | −28<br>29<br>30 | −17<br>18<br>19 |
| | +32<br>33<br>34 | +22<br>23<br>24 | +39<br>40<br>41 | +38<br>39<br>40 | +37<br>38<br>39 | +36<br>37<br>38 | +35<br>36<br>37 | +34<br>35<br>36 | +33<br>34<br>35 | +31<br>32<br>33 | +20<br>21<br>22 |
| ②發展期 | 35歲 | 25歲 | 42歲 | 41歲 | 40歲 | 39歲 | 38歲 | 37歲 | 36歲 | 34歲 | 23歲 |
| | +36<br>37 | +26<br>27 | +43<br>44 | +42<br>43 | +41<br>42 | +40<br>41 | +39<br>40 | +38<br>39 | +37<br>38 | +35<br>36 | +24<br>25 |
| | −38<br>39<br>40 | −28<br>29<br>30 | −45<br>46<br>47 | −44<br>45<br>46 | −43<br>44<br>45 | −42<br>43<br>44 | −41<br>42<br>43 | −40<br>41<br>42 | −39<br>40<br>41 | −37<br>38<br>39 | −26<br>27<br>28 |
| | +41<br>42<br>43 | +31<br>32<br>33 | +48<br>49<br>50 | +47<br>48<br>49 | +46<br>47<br>48 | +45<br>46<br>47 | +44<br>45<br>46 | +43<br>44<br>45 | +42<br>43<br>44 | +40<br>41<br>42 | +29<br>30<br>31 |
| ③充實期 | 44歲 | 34歲 | 51歲 | 50歲 | 49歲 | 48歲 | 47歲 | 46歲 | 45歲 | 43歲 | 32歲 |
| | +45<br>46 | +35<br>36 | +52<br>53 | +51<br>52 | +50<br>51 | +49<br>50 | +48<br>49 | +47<br>48 | +46<br>47 | +44<br>45 | +33<br>34 |
| | −47<br>48<br>49 | −37<br>38<br>39 | −54<br>55<br>56 | −53<br>54<br>55 | −52<br>53<br>54 | −51<br>52<br>53 | −50<br>51<br>52 | −49<br>50<br>51 | −48<br>49<br>50 | −46<br>47<br>48 | −35<br>36<br>37 |
| | +50<br>51<br>52 | +40<br>41<br>42 | +57<br>58<br>59 | +56<br>57<br>58 | +55<br>56<br>57 | +54<br>55<br>56 | +53<br>54<br>55 | +52<br>53<br>54 | +51<br>52<br>53 | +49<br>50<br>51 | +38<br>39<br>40 |
| ④完成期（後世下降期） | 53歲 | 43歲 | 60歲 | 59歲 | 58歲 | 57歲 | 56歲 | 55歲 | 54歲 | 52歲 | 41歲 |
| | +54<br>55 | +44<br>45 | +61<br>62 | +60<br>61 | +59<br>60 | +58<br>59 | +57<br>58 | +56<br>57 | +55<br>56 | +53<br>54 | +42<br>43 |
| | −56<br>57<br>58 | −46<br>47<br>48 | −63<br>64<br>65 | −62<br>63<br>64 | −61<br>62<br>63 | −60<br>61<br>62 | −59<br>60<br>61 | −58<br>59<br>60 | −57<br>58<br>59 | −55<br>56<br>57 | −44<br>45<br>46 |
| | +59<br>60<br>61 | +49<br>50<br>51 | +66<br>67<br>68 | +65<br>66<br>67 | +64<br>65<br>66 | +63<br>64<br>65 | +62<br>63<br>64 | +61<br>62<br>63 | +60<br>61<br>62 | +58<br>59<br>60 | +47<br>48<br>49 |

秘數「1」的金字塔形

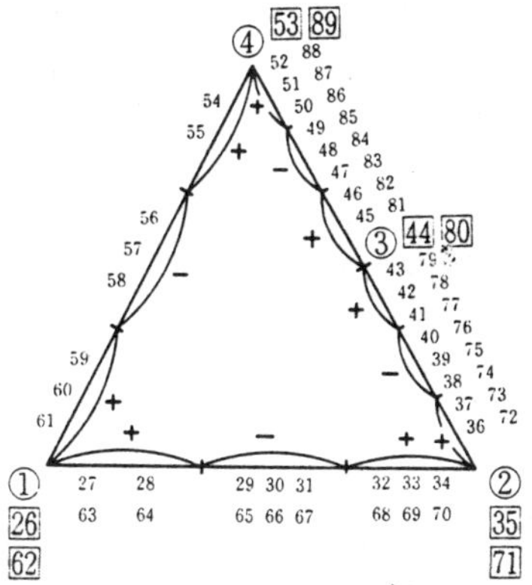


發展期」到「充實期」之間。

出世運強的人，從「發展期」的二、三年前即會掌握許多機會。而在「充實期」有多數的人能獲得地位與財富。

而從「完成期」到「下降期」可能會有疾病或工作上的過失，造成極大的負面影響或遭逢歹運，應特別注意。

從「完成期」次年之後的八年內，不慌不忙靜待下次機會來臨，才能擁有美好人生的結局。

## 秘數1的命運週期

根據數秘術分析拿破崙的一生，會令人深切地感受何謂人生的神奇。

一七六七年八月十五日出生的拿破崙的秘數是「1」，正值「發展期」的三五歲時當了皇帝。而被流放聖赫勒拿島是在五三歲的「完成期」。拿破崙一生最活躍的是在莫斯科敗北的一八一二年之前，正好是四三歲以前的時期。而這個時期正值「發展期」到「完成期」。

## 秘數2、11的命運週期

將西曆的生年月日合算之後，秘數是「2」的人請注意計算的過程。在加算的途中有變成「11」兩位數者及「20」兩位數的兩種類型。兩者再加算下去所得的秘數都是「2」。但結果是「11」的人，不要再加算下去。換言之，「11」就是該人的秘數。而「20」的人接著再做2＋0＝2的算式，得出秘數是「2」。

在數秘術中，「11」這個數字有特別的意義。因此和「2」有所區別各自獨立成「11」的命運週期。秘數「2」和「11」各有不同的週期，請不要混爲一談。

秘數「2」的金字塔形

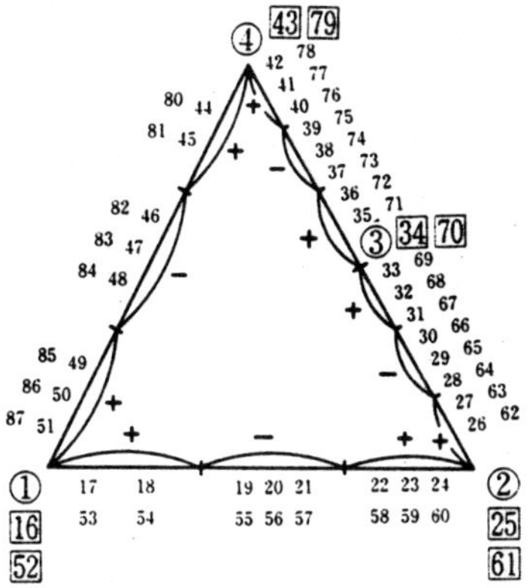


秘數「11」的金字塔形

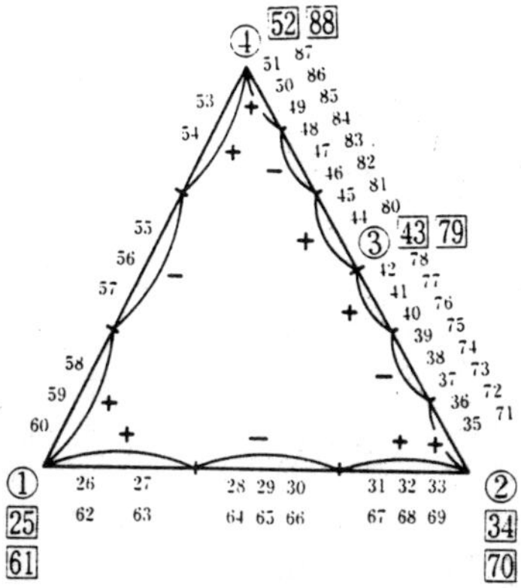

秘數「3」的金字塔形

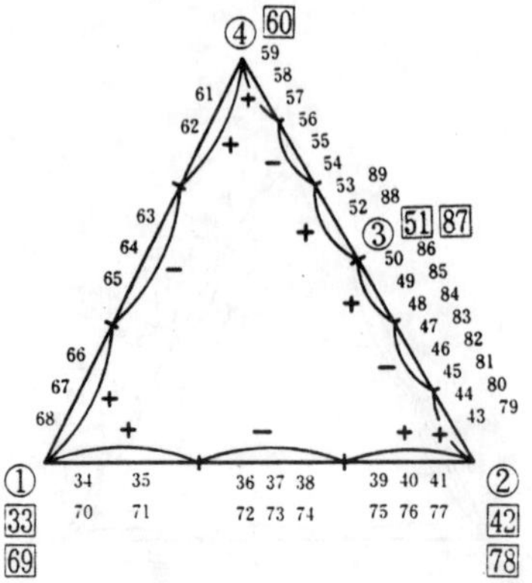


## 秘數3的命運週期

秘數是「3」的人，正值可以用「3」除盡的年齡時，人生會產生極大的變化，第一個變動運是在三三歲。三十歲以前所努力、經驗的事情會以這個年齡爲境界而有極大的成果。

在日本，女人正值三三歲時是「厄年」，但對秘數是「3」的人而言，不論男女都是人生中起伏變動最大的一年。這可能是具有正面意義或負面意義的變動。

## 秘數4、22的命運週期

加算出生年月日之後，秘數是「4」的人和秘數是「2」和「11」的情況同樣地，必須小心計算。

因爲，數秘術中「11」有特別的意義，而「22」也是情況特殊的數字。算出秘數結果是「22」時，不要再加算下去。「22」就是該人的秘數。秘數「4」和「22」的人有不同的命運週期，請不要混爲一談。

一般而言，秘數是「22」的人發展運極爲快速。可能承繼家業給予擴充而獲得成功，或受上司、長輩提攜而掌握意想不到的運勢。

和秘數「22」的人相較下「4」的週期相當緩慢。通常會迂迴繞轉再慢慢發展自己的運勢。

## 秘數5的命運週期

美國第三二任總統羅斯福是一八八二年一月三十日出生，秘數是「5」。羅斯福染患小兒麻痺據說曾經對踏入政壇抱以絕望。

但鼓足勇氣再度參與選舉，終於被選爲總統。當時正值五二歲。這次的再度出馬，

秘數「4」的金字塔形

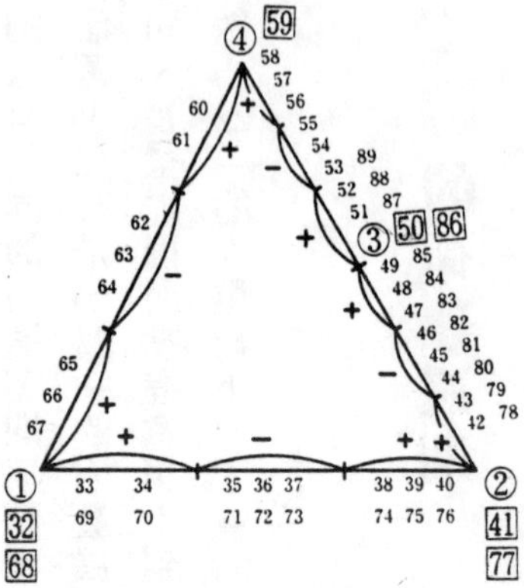


秘數「22」的金字塔形

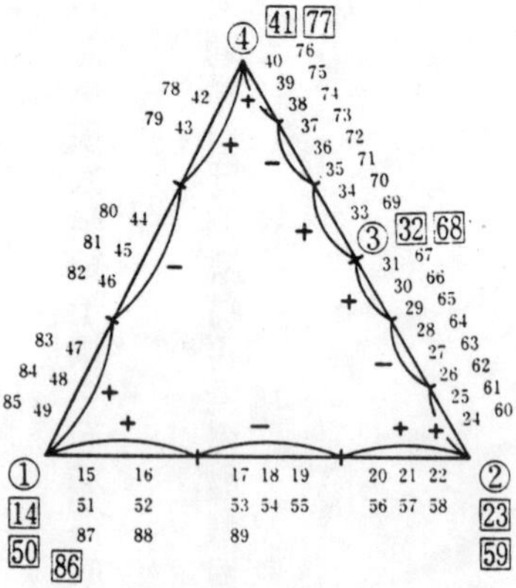

秘數「5」的金字塔形

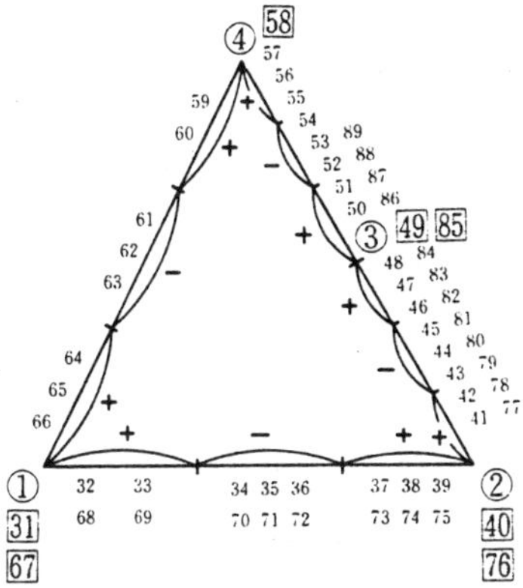


正值命運週期從「充實期」到「完成期」之間的年歲。

而羅斯福當選紐約州長是四六歲時，那是正值「發展期」到「充實期」之間的年歲。

林肯總統的秘數也是「5」。五二歲時當選為美國第十六任總統，對「5」的人而言，正值「充實期」往「完成期」邁進的時期。而林肯被暗殺的一八六五年，歲數是五六歲，不久將到達「完成期」。

一般而言，在「完成期」有多數人會遭逢暗殺或意外死亡，請特別注意。對秘數是「5」的人而言，「完成期」的前三年是大變動期。這時可能被捲入意想不到的糾紛中或承受重大的打擊，千萬不可掉以輕心。

納粹德國的希特勒也是秘數「5」的人，他的生年月日是一八八九年四月二十日，他和情人艾娃・布朗殉情是在五六歲，不期然地和林肯總統被暗殺的年齡相同。

從上述這三個人的例子，即可發現對秘數「5」的人而言，「充實期」之後的三年是最有機會發揮才華的時期，人生最爲充實圓滿。但「完成期」的前三年，卻是必須充份留意的時期。

## 秘數6的命運週期

秘數「6」的特徵是「下降期」或「發展期」比「完成期」更能發揮所長。

「6」這個數字本來具有調和的運勢。因此，在一般運勢較差的「下降期」或「發展期」即使不特別積極求取，也容易獲得旁人的認可。

日本的經營者中，堪稱成功者的典範是松下幸之助先生。他的一生，充份地表現了秘數「6」的週期。

奠定目前「松下」基礎的是在一九五〇年，當時正値松下幸之助先生處於「完成期

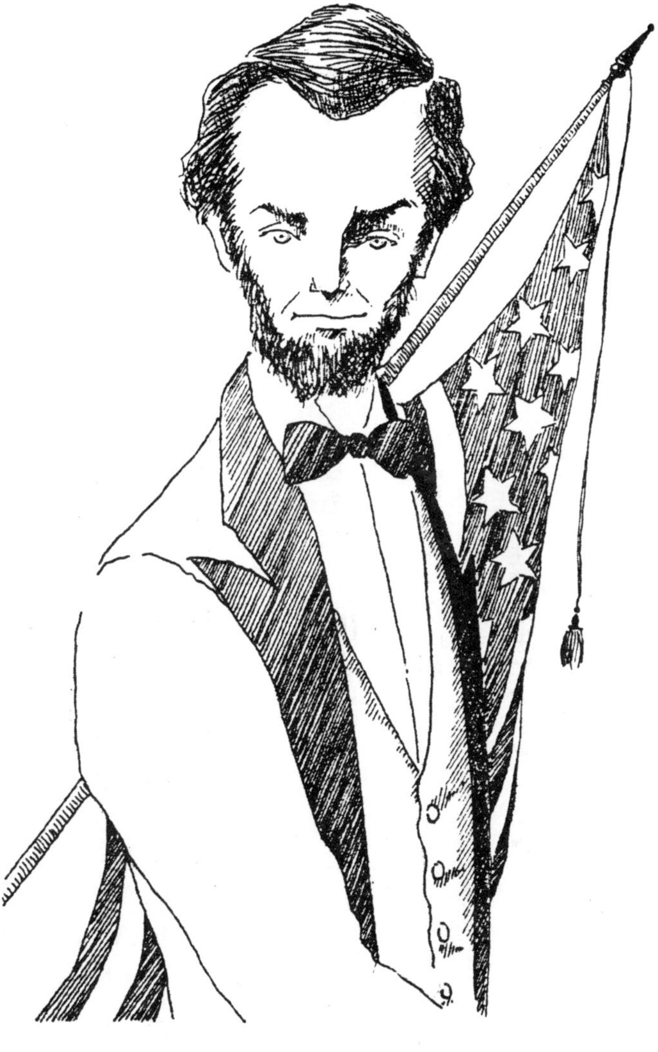

秘數「6」的金字塔形

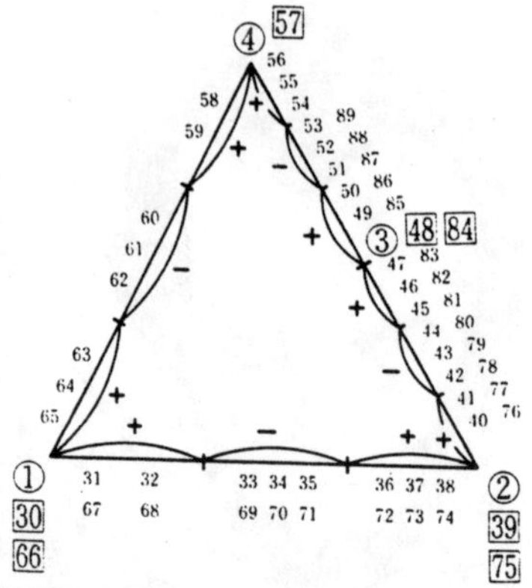


」的五六歲。

而曾經將董事長的職位委任給女婿松下正治先生的松下幸之助，在公司營運不振的時期，再度返回第一陣線重新出發。這正值「再出發期」的六七歲。

## 秘數7的命運週期

秘數是「7」的人，在「發展期」到「完成期」之間會出現敵手或反抗者。

悲劇性結束生涯的美國前總統約翰・F・甘迺迪是一九一七年五月二九日出生，秘數是「7」。

請看秘數「7」的金字塔週期表。①的「出發期」是二九歲、②的「發展期」是三八歲、③的「

秘數「7」的金字塔形

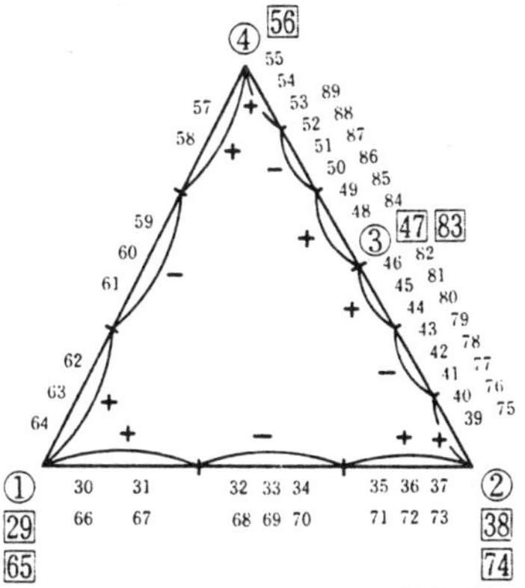


充實期」是四七歲、④的「完成期」是五六歲。

甘迺迪首次當選聯邦下議院議員是一九四六年，正值二九歲。剛好和「出發期」的年齡一致。而在一九六〇年總統大選中獲勝。這正值「發展期」的四三歲。而在四年後的四七歲遭受暗殺。正值「充實期」。

## 秘數8的命運週期

秘數「8」的起點是在二八歲。「8」的人在人生的起步時期，似乎有許多人能暴發性地博得人緣或獲得周遭的信賴，呈現一帆風順的景況。

但其中多數的成功者是在「發展期」的三七歲左右，面臨人生的大轉換期。

秘數「8」的金字塔形

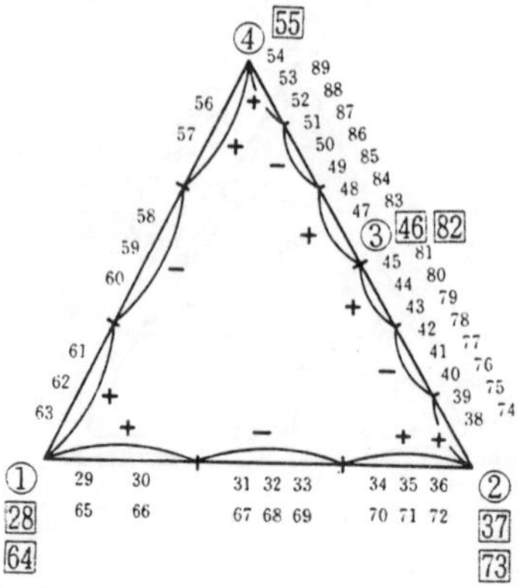


這個時期確實地掌握機會。尤其在「出發期」到「發展期」之間歷經波折的人，通常會在「充實期」鴻圖大展。

若是女性，二八歲的「出發期」正值結婚年齡，乃是人生新旅程的開始。但這個時期的結婚可能遭受極大的反對，對自己而言意味著獨立，必須做重大的決定。

日本著名女明星吉永小百合的秘數也是「8」，她決定走上紅毯那一端，開始人生新的活動也在二八歲。當時她的婚姻曾受到周遭極大的反對。

## 秘數9的命運週期

秘數是「9」的人，縱觀其一生在工作、生活

秘數「9」的金字塔形

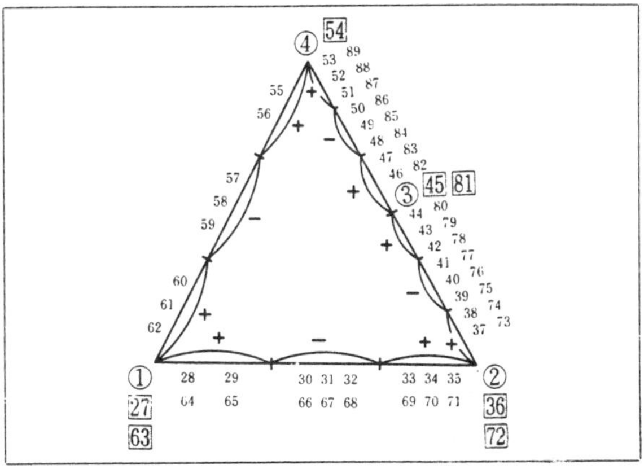


型態上有極大變化，而這些變化帶著相當的戲劇性。

美國第三八任總統卡特的秘數也是「9」，他在一九八〇年的總統大選中馬失前蹄落敗給雷根。

那年卡特是五七歲，正值「下降期」。

而且是邁向負面運勢的時候。

附帶一提的是，卡特當選總統是在一九七七年，正值「完成期」的五三歲。

# 5

# 如何瞭解每年的命運

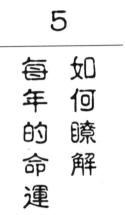

# 瞭解每年命運的方法

## 運勢隨時代、環境而變

光憑卓越的才能或運勢，也不能保證能掌握機會。因爲，我們的生活過程中多少會受時代或生活環境的影響。縱觀歷史名人，都是能順應時代潮流而發揮運勢與才能的人。

舉例而言，納粹德國的希特勒是一九三〇年代出生，如果他是生長在一九八〇年代情況會如何呢？雖然他具備政治家的才能，也擁有成爲獨裁者支配世界的運勢，相信會以另一種形態表現出來。

希特勒正是因爲出現在渴望英雄出現，社會整體強烈傾向於法西斯主義的時代，才能充份地發揮個人的運勢。

分析人的運勢時，單憑調查個人的運勢並不充份。瞭解處於何種環境下運勢才能充份發揮，才是重要的關鍵。我們眞正渴望的應該是，「今年的運勢如何？」而數秘術可以明確地給您解答。

首先來調查該年的「社會運」。從中找出個人運勢被限定的環境（年）下受到何種影響的「年運」，再分析出與個人天生具有的秘數之間的關係。

舉例而言，首先應觀察秘數是「1」的人，在一九九一年會出現何種運勢。

也許有人閱文至此覺得有漸入難境之感，其實方法非常簡單無需顧慮。

## 計算基本秘數、社會年秘數、個人年秘數的方法

數秘術中是在三角形（金字塔形）的各頂點寫上三種秘數（基本秘數、社會年秘數、個人年秘數）進行占卜。以下先說明各個秘數的算出方法。

### ①基本秘數

這是在此之前所稱的「秘數」，亦即任何人天生具有，一生永不改變的數字。此後稱此爲「基本秘數」。

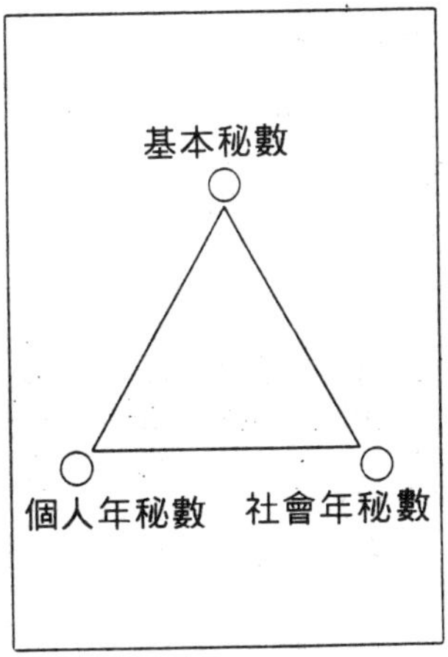


用西曆生年月日加算各個數字，最後算至個位數。所得到的「1」到「9」之間的數字是「基本秘數」。但例外的是，「11」和「22」這兩個十位數，它們不必加算爲個位數即成爲「基本秘數」。

請將你的「基本秘數」填寫在三角形的頂點。

### ②社會年秘數

和個人的運勢一樣地，社會的脈動也有週期性、運勢的類型。

而表示社會運勢的是「社會年秘數」。這個秘數是根據所要調查年度的西曆年數算出。

譬如，民國八十年的「社會年秘數」，換算爲西曆一九九一年，再以加算基本秘數的方式算至個位數而得。但「11」和「22」這兩個十位數同樣是獨立的「社會年秘數」。

以下算出一九九一年的「社會年秘數」。

1＋9＋9＋1‖20↓2＋〇‖2

「2」就是這年的「社會年秘數」。

算出你想調查年度的「社會年秘數」，後塡寫在三角形的右下角。

### ③個人年秘數的算法

表示自己和社會之間關連的是「個人年秘數」。這個秘數是根據自己的出生月日（出生年不要）及所要調查的年度而算出。

譬如，民國三九年八月十七日出生者，若渴望知道一九九一年的「個人年秘數」，則將「八月十七日」和「一九九一年」的數字加算起來。

出生月日　　調查的年度

8＋1＋7＋1＋9＋9＋1‖36↓3＋6‖9

因此，此人一九九一年的「個人年秘數」是「9」。

算出你的「個人年秘數」之後，塡寫在三角形的左下角。

三角形各個頂點記載所算出的各個秘數後，即成爲個人的金字塔。以下就根據這個金字塔進行占卜。

早在第一章到第三章已根據「基本秘數」（秘數），分析個人的素質或整體的傾向。以下整理成次表以加深印象並供作參考。有關瞭解該年一般傾向的「社會年秘數」以另表表示。將發生重大事故的年度對照「社會年秘數」做一番比較。

戰爭開始之年、經濟成長之年、發生災害之年、文化發展的一年等等，必定和「社會年秘數」所表示的意義吻合。

那麼，最後來看「個人年秘數」各自的意義。

## 基本秘數的重點

**基本秘數**「1」…王冠星。行動大膽、富指導能力。
「2」…知性星。富協調性、獨創性強。
「3」…發展星。社交性、容易成功者。
「4」…基礎星。勤奮、踏實、富耐力肯努力的人。
「5」…行動星。富行動力、自我顯示慾強。
「6」…調和星。溫厚善良、為人服務。
「7」…完全星。重視孤獨與隱私的完全主義者。
「8」…支配星。個性強、好鬥、熱情。
「9」…神秘星。健康、心思細膩的神秘主義者。
「11」…革新星。厭惡平凡、好奇心強。
「22」…大幸運星。富支配力、指導力與安全感。

## 社會年秘數的重點

**社會年秘數**「1」…大變動之年。個人才能、運勢得以發揮。
「2」…和平共存之年。找到協助者。
「3」…追求幸福或夢想的理想追求之年。經濟上的衝擊多。
「4」…不安定之年。常見混亂、苦勞、事故。
「5」…社交性交往活潑之年。建立新組織之年。
「6」…協調、援助之年。災害、戰爭等變動多。
「7」…完成、達成、統一、協調之年。自殺、失業者多。
「8」…繁榮之年。經濟、精神面上常有喜樂。
「9」…容易造成帶有危機的問題，個人的爭執多。
「11」…追求宗教事物之年。由物質轉向心靈之年。
「22」…宇宙性的擴大、大發展之年。一切順暢之年。

# 個人年秘數的含意

★個人年秘數——1

發展、獨立之年。任何事都能順遂己意、一帆風順之年。身體狀況最佳，適合開創新局面的一年。總之，確定目標並付諸實行。

但請避免過於起勁而事事參與。請對自己的言行舉止保持慎重。尤其要注意電話所造成的誤會。

以往運勢不佳的人，在這一年之後會改變運勢並掌握良機。而最好的方法是拓展交際範圍。

★個人年秘數——2

從事新的計劃時不要倚賴他人，充份發揮自己的行動力以自力完成。

忍耐與協力之年。持守過去的一切作爲。這個努力會影響今後三年的運勢。反省過去的作爲並檢視以往的生活方式，可從中獲得開拓未來方向的暗示。同時，他人的意見、建議會帶來幫助之年。平常對他人的意見置若罔聞的人，應積極洽詢他人意見。想要獨自闖蕩時會遭逢意外的反駁，平時應花時間經營周遭的人際關係。

財運強，能蓄積錢財。開始蓄財而有增加時，運勢就來臨。但過於執著錢財會造成負面影響使得運勢低落。

**★個人年秘數 3**

停滯之年。雖然壞事不多也不會有特別令人欣喜的事。這個時期最好增廣見聞、努力用功，提升自己的智慧。把今年做爲爲往後準備之年。

今年的運勢富有交際運，公開以往的秘密或表白自己的眞心，必會有正面影響。可能有戀愛、朋友關係的發展。

但人際往來活絡時會顯得慌亂，有被時間窮追不捨的窘迫感。必須試圖改變情緒，充份地休養。如此才能產生正面效果並持續運勢。

凡事應避免過於焦急。越焦急越有浪費的支出，而造成財運不穩定。

★個人年秘數——4

不順之年。事事不能順遂己意。由於任何事都不能朝對自己有利的方向發展而常感到焦慮、不安。這時如果表現焦急或慾望過大，會造成慘敗。惡性循環之下易陷入極糟的狀況，請注意。努力平撫自己的心緒、維持現狀以等候下次的機會。

回顧以往的生活，反省應反省之處，最重要的是鞏固基礎。

即使碰到令人憤怒或蒙受重大損害的事，也應克制自己突破狂瀾。因此，必須強化自己的意志力。

如果把自己的歹運怪罪在他人頭上或對他人起疑，恐怕會喪失難得的友誼。千萬不要埋怨、記恨他人。

在健康方面也不順暢。生病有可能發展爲意外的重病，應特別注意。必須控制食慾、財慾、性慾等一切所有的慾望。

★個人年秘數 5

動搖之年。浮躁不安、心情浮動的不安定之年。尤在自己出生月份的前後會有爭執、吵架，在人際關係上很容易發生問題。

另一方面以往的努力會出現成果，可能獲得旁人的認可。成功的結果值得慶幸。旅遊、休閒娛樂運隨之而來。藉由旅行、休閒活動可獲得工作上的暗示，並可能獲得出乎意想的利益。

對於自認身體狀況不佳的人而言，是體力回復之年。也可能憑自己的構想而掌握賺錢的機會。整體而言今年有許多令人愉快的事。

★個人年秘數 6

協力、援助之年。出現協助者或與同伴間的信賴關係更爲密切之年。與人的交際活絡，無法輕鬆自在、過著匆忙的日子。碰到他人有所請託即使並不感興趣也應承擔下來。因爲，你的任勞任怨通常對日後會有正面影響。

在工作上可獲得大成果。也有許多得到利益的機會，是最適合開店、開業之年。這一年異性運特強。出現戀愛、結婚、走進家庭生活的徵兆，以往的作爲將獲得成果的機會。或有機會發展新的友誼或萌生愛情。也有許多人有子嗣之運。以往的人關係變得更爲親密，有機會走上紅毯的另一端。

另一方面，常有異性運中常見的糾紛，若不小心恐怕會有多方的困擾。

**★個人年秘數——7**

休息之年。對以往積極活動的人而言，今年將是擁有升遷機會、轉職運的一年。也是最適合結婚運、旅行運的一年。

在財運方面，以爲可能獲得營利卻蒙受重大損失，猜想會有損害卻大賺利市，財運呈現波瀾起伏狀。若要投資必先研究再三。有時會莫名地討厭與人接觸。受孤獨感折磨而形成孤立的時候。這個時期渴望追求精神方面的支持勝於物質上的享受。對於以往的作爲感到空虛或無形中帶著不安。

以往懶惰成性的人會凸顯惰性，過去的失敗會再次暴露出來的時期。

與其表現新的作爲，毋寧反省過去、充份地休息。總而言之，必須靜待守候，抱持安全第一主義。

★個人年秘數——8

夢想實現的幸運之年。這是最値得將日常所思所想付諸實現，或將計劃付諸實行的絕佳機會。今年若積極地挑戰新的事物，必能充份地發揮你的個性。擁有卓越的構想而無法運用在工作上，等於一無是處。利用這個機會克服這個缺點吧！

健康狀態極佳，體力充沛。患有疾病者病情得以回復之年。

追求變化或渴望轉職，但卻缺乏踏出一步的勇氣。可能突然對自己失去信心。碰到這類情況，在打退堂鼓之前應試著重新調整步調。這將是導向成功的契機。帶有強烈的競敵意識，反而會失去信心。應將自己的注意力朝向興趣的分野而不止投入工作。從中也許能再次發現自我。

★個人年秘數——9

穩固基礎之年。好壞的落差極大的一年。即使碰到歹運或事事不順心，也千萬不可焦慮。因爲，不好的事情之後總會有好事發生。

產生新的人際關係的時期。

同時，過去的人際關係會產生好結果，如果增加與舊時伙伴之間的交往，必會有好影響。若有同學會應積極地參與。

尤應特別重視家庭環境、人際關係。

撇開利益關係去反省，是否接續以往的交際往來。

在大都會中過著緊張繁忙生活的人，應盡量增加與大自然接觸的機會，鬆弛身心讓自己喘一口氣。必須培養爲未來九年努力打拼的活力。另一方面，根據對過去作爲的反省慎重的訂定今後的計劃，再穩固朝未來前進的基礎。

## ★個人年秘數 11

精神層次之年。追求精神的滿足勝於財物的需求。在人生中找到新的夢想或嚮往如夢似幻的世界。因而在經濟方面難以寄望有豐碩的收入。如果執著財物常見煩惱，也可能陷入不安。

在義工活動中找到喜悅或對音樂、繪畫產生感動。但精神上容易陷入低潮，難以拂卻寂寞與不安。

## ★個人年秘數——22

遠大夢想或曾有的希望將獲得實現的幸運之年。這一年做任何事都能達成願望。也有協助者的鼎力相助。

今年所有努力的事，將發揮以往作爲的十倍威力。努力得以回報的時期，不妨好好地加油！以往所造成的誤會或糾紛在這一年內得以解決。今後的發展將帶來莫大的利益。

# 解讀三個秘數的組合

## 三個秘數相同的情況

寫在三角形各頂點的三個數字（基本秘數、社會年秘數、個人年秘數）有各自的含意。而您的這三個數字是什麼樣的組合呢？根據其中的組合會改變運勢的強弱。

「基本秘數」「社會年秘數」「個人年秘數」做何種組合才能使你的能力充份地發揮？

請看你的金字塔圖形。有些人三個數字完全一樣，有些人各不相同。其中也有人是兩個秘數相同。這三個數字的配置關係會根據所占卜的年度而改變。

構成金字塔圖形的三個數字完全相同時，這個金字塔圖形是最理想的結構。這個均衡的結構是最幸運的一年。換言之，天生所具有的基本運勢在這一年可以十足地發揮。如果具備卓越的才能與運時，若無法和「社會年秘數」及「個人年秘數」取得協調，則難以獲得積極運用的機會。

基本秘數是「1」的人，在「社會年秘數」「個人年秘數」都是「1」的年度，可以將個人所擁有的熱能發揮得淋漓盡致而獲致成功。

何時會形成三個秘數一致的理想配置呢？以下我們做一番調查。

①首先，將自己的出生年改成西曆，算出出生年的「社會年秘數」。

②接著，再算出自己的「基本秘數」。算法是①所得的數字加生月日的數字。

①和②的數字是多少？如果①②的數字一致，「基本秘數」「社會年秘數」「個人年秘數」等三個數字完全吻合。

這三個秘數完全一致鮮爲少見。由此不難明白三個秘數相同是何等幸運的一年。

## 兩個秘數相同情況

三個秘數完全相同可謂稀奇，但有較多兩個秘數（基本秘數和、社會年秘數）相同的年度。除了基本秘數是「2」「4」「11」「22」之外，其餘者平均每九年會有一次重複。以下列出各個秘數一致的年度表請做參考。

## 秘數一致時的年度

| | |
|---|---|
| 基本秘數「1」的人 | 1990年、 1999 年、2008年、2017年、 2026 年…每九年。（出生年的社會年秘數是「1」的人三者一致） |
| 基本秘數「2」的人 | 1991年、2000年、 2099 年。（出生年的社會年秘數是「2」的人三者一致） |
| 基本秘數「3」的人 | 1992年、2001、2010年、2019年、 2028 …每九年。（出生年的社會年秘數是「3」的人三者一致） |
| 基本秘數「4」的人 | 2002年、2011年、2020年、 2029 年、 2038 年… 2290 年之間每九年。（出生年的社會年秘數是「4」的人三者一致） |
| 基本秘數「5」的人 | 1994年、2003年、2012年、2021年、2030年…每九年。（出生年的社會年秘數是「5」的人三者一致） |
| 基本秘數「6」的人 | 1995年、2004年、 2013 年、 2022 年、 2031 年…每九年。（出生年的社會年秘數是「6」的人三者一致） |
| 基本秘數「7」的人 | 1996年、2005年、2014年、 2023 年、 2032 年…每九年。（出生年的社會年秘數是「7」的人三者一致） |
| 基本秘數「8」的人 | 1997年、2006年、2015年、2024年、 2033 年…每九年。（出生年的社會年秘數是「8」的人三者一致） |
| 基本秘數「9」的人 | 1998年、2007年、 2016 年、 2025 年、2034年…每九年。（出生年的社會年秘數是「9」的人三者一致） |
| 基本秘數「11」的人 | 2009年、2018年、2027年、 2036 年…每九年。（出生年的社會年秘數是「11」的人三者一致） |
| 基本秘數「22」的人 | 1993年、 2299 年。（出生年的社會年秘數是「22」的人三者一致） |

而「基本秘數」和「社會年秘數」相同的年度，會產生何種運勢？

這表示這一年可將自己擁有的才華展現在社會上。同時，將成爲受衆人注目的中心人物。即使「個人年秘數」正值含意並不太好的年度，也可使當年的歹運減至最小的程度。同時，在意外之處會有掌握機會的契機。

## 解讀金字塔圖形所隱藏的命運

數秘術是利用金字塔圖形從各個角度占卜人生。在此具體地以日本作家三島由紀夫爲例，教導各位解讀其金字塔圖的方法。

受世界矚目的作家三島由紀夫，其最後人生帶著震撼性令人衝激不已。他和「楯會」的成員們佔據位於東京市谷的自衛隊本部後割腕自殺，一時轟動了全世界。以下就以他去世的一九七〇年十一月二十五日做成金字塔圖來分析其人生。

三島由紀夫的1970年金字塔形

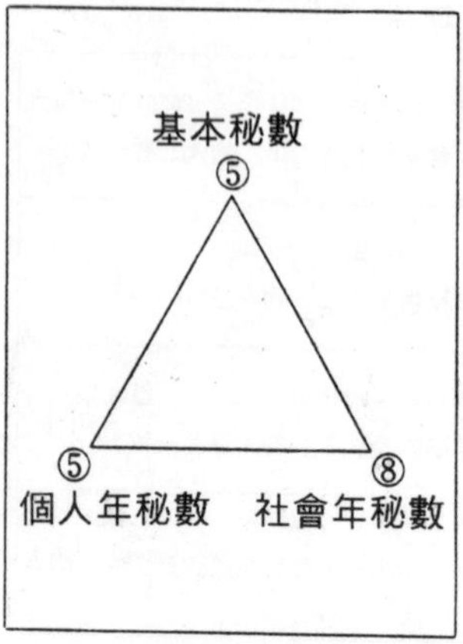


三島由紀夫出生於一九二五年一月十四日，基

本秘數是「5」。該年的社會年秘數是「8」，因而個人年秘數是「5」。這三個秘數所具有的意義如下。

基本秘數是「5」……追求自由

社會年秘數「8」……動搖之年

個人年秘數「5」……繁榮、發展之年

三島由紀夫天生具有追求自由的性格，在其個人年秘數是「5」的年度，更加強天生具有的性格，顯得更為動搖、不安。換言之，是處於帶有自暴自棄的傾向，坦然地做出大膽作為的狀態。當時社會的動向散發著一股偽裝的甘美氣氛，這和他的意識型態朝相反的方向進展。三島由紀夫的金字塔圖中有兩個「5」。因而會採取令世人側目的行動。

根據金字塔週期調查這個年度，發現他四五歲時正值「發展期」之年。

當金字塔圖中有兩個數字一致的年度個人所具有的性格、才能、運勢會強烈地暴露出來。再者，金字塔週期中若進入「發展期」的年齡，往往會出現相當深刻的問題。

三島由紀夫文學方面的恩師，諾貝爾文學獎作家川端康成的秘數也有類似的特色。

川端康成以瓦斯自殺是在一九七二年六月十日。以下做出當年他的金字塔圖，各個秘數的含意如下。

基本秘數「8」……個性強、好鬥、熱情

社會年秘數「1」……大變革之年，發揮個人的才華或運勢

個人年秘數「8」……夢想實現、發展之年

從金字塔圖發現，這年川端康成的基本秘數和個人年秘數一致。因此，這一年川端康成獨特的文學主張特別突出，同時也強烈地發揮他的個性。

川端康成的 1972 年的金字塔形

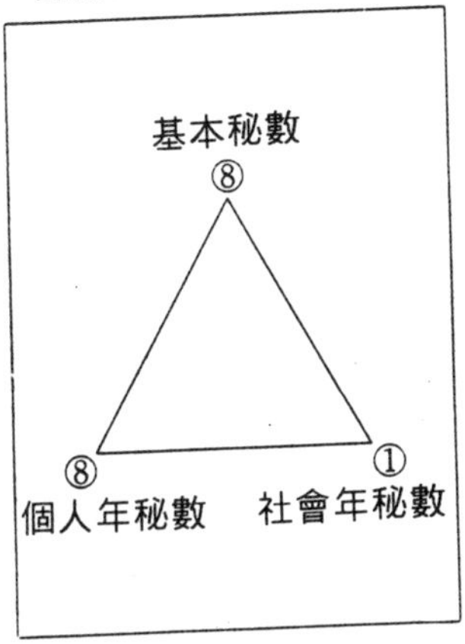


而這年的社會年秘數是「1」，所有一切更新而他自己本身也必須有重大突破的一年。也許他自覺無法突破而選擇自殺之路。

各位覺得如何？我們可以依上述的方式解讀金字塔圖，但似乎必須添加一點想像力。請發揮你的想像力解讀隱藏在金字塔圖內的命運。

AL

# 6

# 深入解析你的秘數

# 深入瞭解秘數

## 構成你的生年月日的是那些數字?

在此之前以各種角度針對你的秘數做了運勢調查。但尚未窮究其中的所有。秘數的確是個人所擁有的數字。但光憑「1」到「9」及「11」「22」的十一個分類,並無法正確地占卜你的運勢。還必須更深入而詳細地分析。

我們以秘數「6」做一番分析。秘數「6」是各種數字合計的結果。成爲「6」之前的數字可能是「15」或「24」、「33」、「60」,因爲全部合算爲個位數都得「6」。因此,由那些數字構成「6」乃是問題所在。同一個秘數「6」會因各自生年月日的不同而有不一樣的組成要素。因此,若要找出個人眞正的個性必須藉助「出生圖」。

## 神秘關鍵在於出生圖

提到「出生圖」令人聯想到家系譜。其實數秘術「出生圖」並非家系譜。這是將個人出生年月日中的「出生日」這個固有的數字，寫在一個圖上以解析個人命運的縮圖。朝上與朝下的正三角形組合而成的六角形稱爲「雙重三角形」。所謂「出生圖」就是塡寫在這個雙重三角形的圖形。根據這個圖形來占卜命運。

而這個雙重三角形有各個數字固定的位置。

從一二〇頁圖我們看出數字是由左下開始，由上及右依序增大。換言之，「1」在左下角、「2」在「1」之上、「3」在左上部、「4」在中央的最下部、「5」和「6」在「4」的上方，而「7」在右下角、「8」和「9」在其上方。

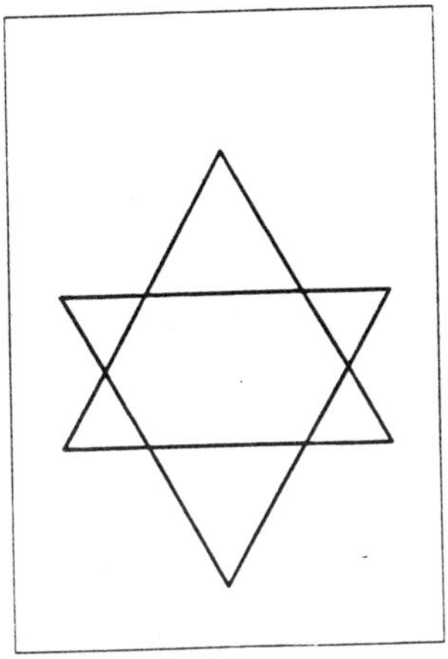

這個配置是秘數術數字的定位，利用出生日告知個人的特徵。這和利用圖表表示占星術的星術配置的「十二宮圖」類似。

占星術中是在表內塡寫星宿的位置，而秘數術則是配置「數」之後做成「出生圖」。

定位圖

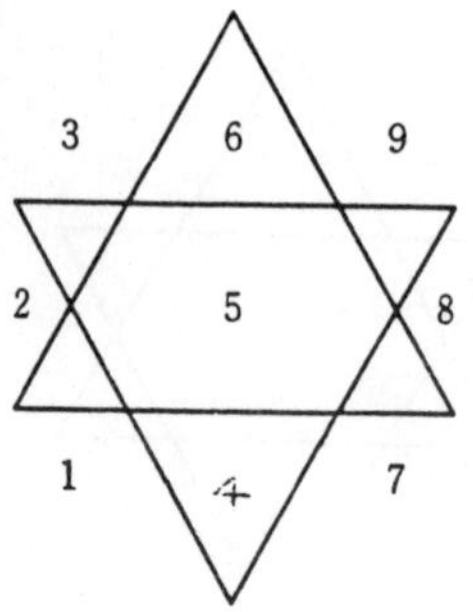


在數秘術中，「○」帶有重要含意，但「出生圖」並未論及「○」。

世上並沒有任何人的出生年月日可以用「1」到「9」之間的所有數字來表示，因而在「出生圖」上會變成某特定數字重複的型態。

## 與自然、宇宙調和之數與圖形中求得之數的關係

畢達哥拉斯對數字的觀念之中，除了認為數字是做為數數之外，常和圖形聯想一起。他試圖將數字與自然及宇宙充份協調的形式以幾何學的圖形來表示。

利用五角形星做為自己教團標記的畢達哥拉斯，為了思索人的命運或咒術的靈力，而以六角形星做為「大衛星」（象徵宇宙之星）。

在中世以後的歐洲護符大行其道的時期，一般人認定六角形星具有強化個人運勢的能力。這即所謂的「所羅門之輪」。在英國所發行的『護符與護身之書』中還介紹「所

羅門之輪」。做爲護符的製作法，並記載著它能達成健康與財富方面的願望。

如前所述「6」是表示愛情與結婚，同時「6」也是表示宇宙的原理。

請再看一次六角形的圖形。這個六角形是由兩個三角形組合而成。朝上的三角形給人穩重的「靜態」印象，象徵「女性」。

相對地，朝下的三角形顯得不安定。它帶有「動態」的印象，是象徵「男性」的三角形。由這兩個三角形組合成表示男女合爲一體的六角形。以數字而言，是表示「2」和「3」結合的圖形。

另一個想法是朝上的三角形代表「神」或「靈」，而朝下的三角形表示「人」或「物質」。因而我們可以說是由六角形來表現這兩個世界的融合、協調。在畢達哥拉斯的雙重三角形中塡入「1」到「9」之間的數字，從而解讀個人的性格或命運，乃是因爲這個圖形傳達了小宇宙的秘密。

## 寫出雙重三角形（出生圖）

首先，將自己的生年月日換成西曆並筆記下各個數字。接著將生年月日的數字一一塡寫在雙重三角形中各數字的定位。

生年月日中，任何人至少都有一個「1」，因而在六角形的「1」的定位中塡寫「1」。如果「1」的數字在生年月日中有兩個或三個，則排寫上。

同樣地，若有「2」的數字則塡寫在「2」的定位。

如此檢視各個數字的位置，塡上自己的生年月日在六角形內。沒有該塡寫的數字時則留空。而且不能塡上「○」。

以下我們以民國四十一年五月十九日出生的人爲例，製作一個出生圖以供參考。

1952年5月19日的出生圖

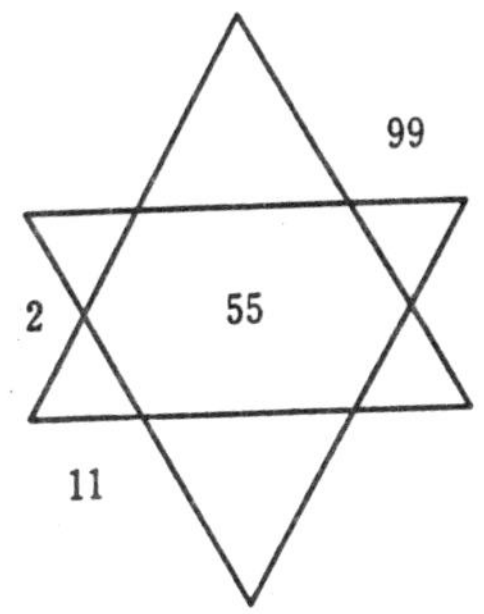


首先將出生年換成西曆是一九五二年，所以，這個人的出生年月日是一九五二、五、十九

將這些數字塡在雙重三角形內則如上圖所示。

各位讀者請根據這個例子將自己的生年月日塡在雙重三角形內，做出自己的出生圖。這時請注意不可弄錯各個數字的定位。完成之後再一一地說明出生圖的解讀法。

# 你的出生圖的含意

## ①那些數字有幾個

各位讀者寫下自己的出生圖後，必會發現某些地方留著空白。因爲，世界上並沒有人擁有所有的數字完全塡滿的完全圖。

而沒有數字的領域並非毫無補救之法。因爲，根據其他數字的配置方式有許多補救之道。但留空的意義只是表示該部份較爲脆弱。這一點請各位謹記在心。

而在出生圖的某些領域中，有數個數字重疊的情況，表示該部份特別突出或失去均衡的意思。但這只不過是因其他數字的配列而成爲弱勢並不値得擔憂。

舉例而言，並非某特定數字集中在一個位置的人有何問題。只要調查歷史上的著名人士，必可發現個人的出生圖中常有欠缺平衡的區域。

本章是調查六角形的各個領域中是否塡上數字？數字多或寡？再解讀其中的狀態。

## ②何種配列方式

做出自己的出生圖後，接著來分析如何去解讀這個雙重三角形。

出生圖的九個領域代表個人的人格。

請看次頁的出生圖，其中有分爲縱列及橫列的小組。

縱列的「1」「2」「3」代表「思考」，「4」「5」「6」表示「意志」，而「7」「8」「9」象徵「行動」。

橫列的「3」「6」「9」表示「精神」，「2」「5」「8」代表「魂魄」，「1」「4」「7」表示「肉體」。

以下針對各個含意一一解說。

### A★「1」「2」「3」↓思考之列

這是分析是否具有個人的創造力或想像力。暗示是否有創見或構想。同時和社會的和平或對他人的關懷也有關係。因爲，思考往往在行動之前。換言之，分析這個領域可

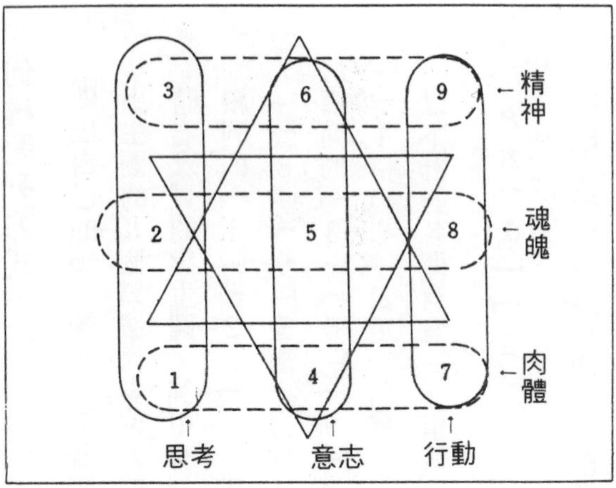


以基本地判斷該人是否具有邪惡的觀念或將成爲犯罪者。

**B★「4」「5」「6」↓意志之列**

這個行列受A的思考所左右。A所產生的靈感在這個位置形成而計劃。這表示使腦中閃現的靈感成功的意志。

**C★「7」「8」「9」↓行動之列**

各種靈感或計劃在此實際地付諸行動。有些人雖然富有創見卻不能做成計劃或付諸實行。

相反地，有些人毫無創意卻能夠借用他人的構思擬定計劃。這乃是這個行列的配置所造成的影響。這個行列是表示，適切地將思考過程付諸行動的

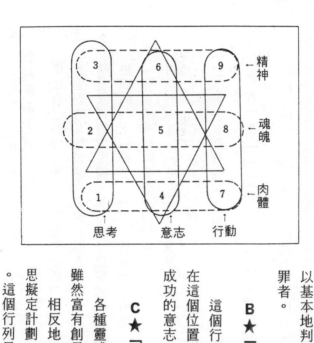

能力。

※　※　※

由此可見，ABC三列彼此相互作用且有循序漸進的關係。首先閃現靈感再給予合理化、計畫，最後付諸實行。

人是群體動物，通常必須在他人的協助下才能獲得成功。如前述任何人都不可能擁有完整的出生圖。因此，經驗豐富的實業家或成功者，常會在自己的周遭配置擁有能彌補自己弱點的人做爲協助者。

## D★「3」「6」「9」↓精神之列

對於創造力、自己與他人的安全、強調方面，造成最大影響的部份。D的精神之列和A的思考之列對立，表示智慧才能或論理邏輯的能力，以及象徵日常生活中所運用的想像力的強弱。

A的思考之列，表示內心深處的感情部份，D的精神之列則傳達任何人的感官可以接收的感覺的活動。

**E★「2」「5」「8」↓魂魄之列**

這個行列，表示在個人、宇宙或這兩方面位於一切存在中心的本質。簡言之，是表示最深處感情的魂魄。這個行列即表示內在或外在的獨特個性。

因此，從這個部份可以分析是屬於能調整自己的觀念或行動，以接納他人意見的類型，或毫不妥協且要他人迎合自己的類型。

**F★「1」「4」「7」↓肉體之列**

這個行列表示知性是否能表現在行動上。具體而言，是分析健康或體力的強弱。換言之，乃瞭解是否能維持健康且調和的身體狀況的關鍵。

**縱、橫列各隱藏著的含意**

出生圖中的縱列，表示日常生活中預想得到的個人的行動模式。從左側依序表示思考、決斷、實行的各種類型。

「1」「2」「3」之列，表示構思、研究的「思考」模式。

「4」「5」「6」之列，表示整理思考及決斷的「意志」模式。

「7」「8」「9」之列，是將決斷實際地實現的實踐力，亦即表示「行動」。

如果你的數字並排在「1」「2」「3」的「思考」之列，而「意志」「行動」之列少數字並排或完全缺如的不平衡狀態，表示你是屬於只會思考而缺乏行動的人。相反地，數字並排在「行動」而「思考」「意志」之列的數字不足，則表示思考之前即付諸行動的類型。

而出生圖的橫列，表示個人的內在傾向，由下依序表示形成該個人的特質。

最下面的「1」「4」「7」的橫列，表示人的本質、「肉體」。

中央的「2」「5」「8」的橫列，表示人天生具有的感情、「魂魄」。這也是本能地察覺善惡的靈力。

最上方的「3」「6」「9」的橫列，是高度的智能分析力，表示「精神」的部份。如果這三種能力配列均衡，乃是性格極爲安定的人。

由此看來，橫列是表示個人的基本能力，縱列則表示個人的行動模式。

以下再詳細地說明各領域的解釋方法。

## 各領域的解釋法

### 數字不均表現不同的個性

由上述說明，各位應可瞭解出生圖中縱、橫列是暗示個人基本性格的重要線索吧。

以下更具體地來說明各領域中欠缺那個數字帶有何種含意？那些數字重複會凸顯那些性格？

# 1

### 只有一個1●不擅長表白心意

有兩個「1」者的出生圖

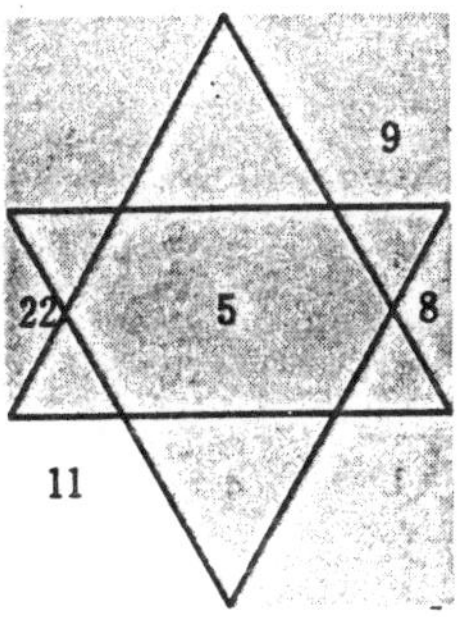


只有一個「1」者的出生圖

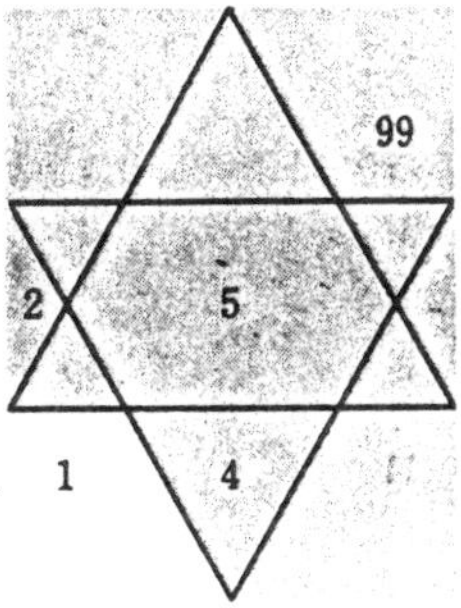


「1」是表示有書、寫之類語文才能的類型。

任何人的生年月日至少都有一個「1」的數字，這是因爲我們現代人有坦率地表現自我的能力。

但這個能力卻難以比較強弱。因此，根據擁有幾個「1」的數字來判斷其能力。只有一個「1」的人，不擅長表白自己的心意或談論個人的隱私。

如果不顧慮他人的觀點而逕自談論倒還得意。

但應注意語調變得快速。

這種類型，向外表現自我遠勝於追求精神面的充實。

## 有兩個1●擅長自我表現

在此可看出單一的「1」所具有的滔滔雄辯之才，但有一個極大的不同。單一是「1」只會單向

有三個「1」者的出生圖

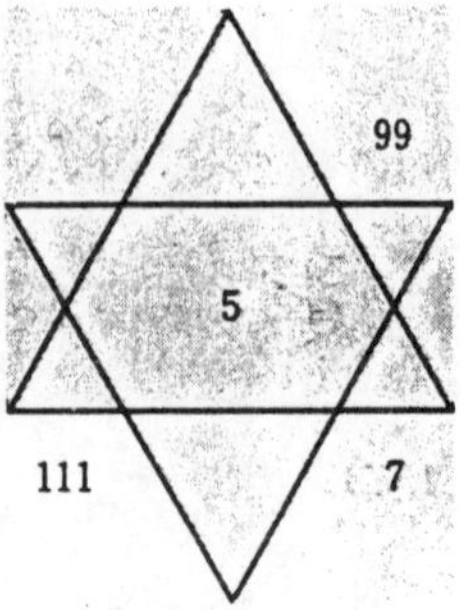


地表現自己，而兩個「1」的人，具有能站在自、他雙方立場思考的能力。

擁有兩個「1」的人，懂得接納他人的意見而配合自己。如果使用得當，將變成難得的財富或成爲懂得表現自己的人。所以，一九八一年出生的兒童常見這種類型。

## 三個1的人●適合擔任新聞從業人員

這種類型具有卓越的寫作能力。寫出來的文章富有知性且淺顯易懂。

因此，具有三個「1」的人，具備成爲作家或新聞從業人員的素質。

但不幸的是，其中也有無法明確地表現自我的人。

由於精神強力的牽制，使得言語表現無法匹敵。

所以，可能被烙印上只會東聊西扯，卻毫無內容的「長舌婦」的標記。

但基本上，擁有三個「1」的人懂得與自己相同的類型交往，避開和陰沉者交際的應對之策，是頭腦清晰、幸福的人。

## 四個以上的人●不懂得轉換心情

肉體、精神顯得活力充沛的類型。但不知如何放鬆自己，改換心情。若不時時刻刻驅使精神與肉體則不罷休的人。譬如，雖是文學家卻喜好冒險，且討厭受形式束縛的行動派。

碰到意見對立時會強行貫徹己見，以主導議論的方向。但由於思考及行動快速，使得思考與表現無法取得協調，致招來他人誤解。

四個以上「1」者的出生圖

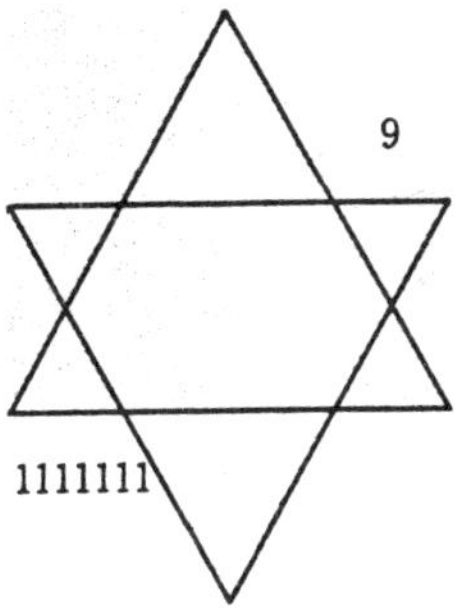


擁有五個或更多的「1」的人，在各個方面都帶有強烈的慾望，恐怕會訴諸暴力或帶有變成粗野狂人的傾向。生日是連續三個「1」的人，行事若不小心恐怕會捲入糾紛之中。

「1」太多的人，有肥胖、任性、偏食等傾向。但如果將鬱積的熱能朝向創造的面發揮，也可能成爲幸福的成功者。

如果找不到適當的宣洩口，很容易變成以自我爲中心，陰沉、攻擊性的人。擁有四個以上「1」的人，外表看來常令人不知其生活的目的。文學或藝術領域是發洩鬱積熱能的最理想宣洩口。

一般而言，這種人面對任何工作都會以最大的精力與決心全身投入，有時會令人訝異地在短時間內達成戲劇性的成果。

## 2

## 只有一個2的人●超群的觀察力

只有一個「2」的人，擁有立即拆穿他人不實的能力。因此，即使初逢乍識也能一眼洞穿對方的深層心理。而且這個直覺相當準確，鮮少出差錯。

這種人富有直覺力，但因其感覺的敏銳常爲此勞苦。常有情緒化的表現，必須懂得控制感性的技巧。否則時時情緒不穩，終究會損害到健康。

兩個「２」者的出生圖

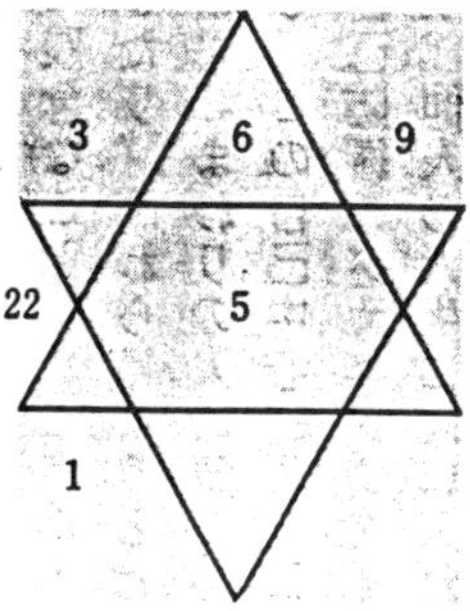


有一個「２」者的出生圖

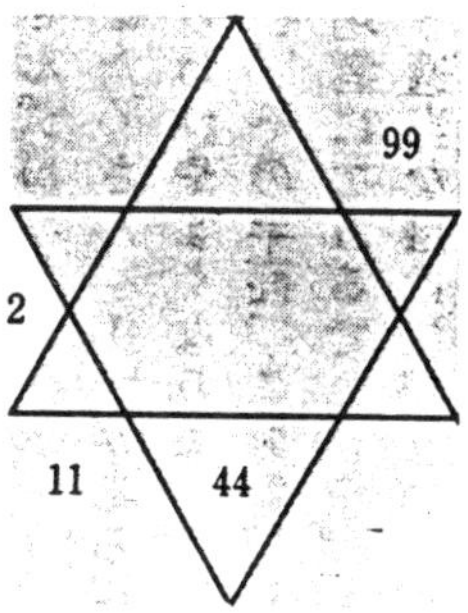


## 兩個2的人●因人際關係而煩惱

這種類型表現出敏感的感受性及強烈的直覺力。但諷刺的是，常與個性彆扭的人交往，且容易受這些人所利用。可能被佯裝紳士模樣的人矇騙或陷入虛有其表的人際往來。因而忽視眞正的友誼且因人際關係煩惱不已。

但這種人的直覺力確實異於常人，並且對他人的人生會產生作用。如果對他人人生的洞察力能做建設性的應用，則成爲一種才能。不過，欠缺體諒他人感受的體貼心，容易傷害到親人或令人動怒。

這種人平時應特別注意避免捲入他人的爭執中。

## 三個以上的人●直覺極端敏銳

直覺非常敏銳，但因這個能力過於靈敏反而會陷入混亂，或變得慾求不滿。

很可惜的是，這種人絕不會控制或緩和極端敏銳的直覺力。

結果往往無視於旁人的感受而我行我素。但這種以自我爲中心的現實逃避，也是由內心深處的本性所造成的自我防衛的作用。

換言之，潛在地明白個性過強，若干涉他人的人生反而會招來破綻。因此凡事不與人議論，宜憑直覺採取行動。

三個「2」者的出生圖

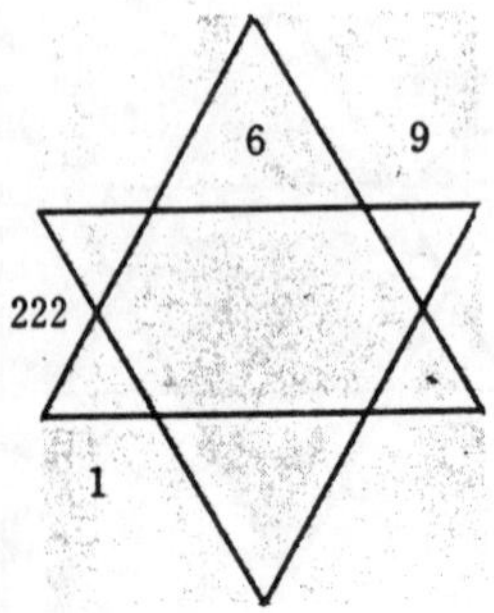


若要與「2」較多的人親密往來，必須充份理解他們這些缺點，以豐富的愛情給予包容。

擁有三個以上「2」的人，客觀地說，如果碰到與自己感覺相反的事物，會認爲遭受侮辱。而且是相當執拗的人。這樣的人幾乎沒有眞正的朋友。

「2」極端多的人，必須找到宣洩鬱悶情緒的出口。而最理想的宣洩口，是音樂的領域。如果無法找到宣洩口，精神的慾求不滿會變成肉體上的疾病。出生圖中具有三個以上「2」的人中，有許多活用此天生的靈感或直覺爲職業而獲得成功。這是作曲家、建築師、設計師、插畫家、靈感師常見的出生圖。

# 3

## 只有一個的人●對任何事抱持樂觀

富有創造力與想像力，且具備使夢想實現的構想力。也有卓越的記憶力、分析力、思索力，且能正確地做狀況判斷。對任何事物都有強烈的樂觀傾向，果敢地參與任何新的課題。而在實際生活中也能準確地對應各種問題。

## 兩個的人●欠缺社會性

富有夢想且具實行力，終其生涯能持續親密的友誼而獲得信賴的人。

一個「3」者的出生圖

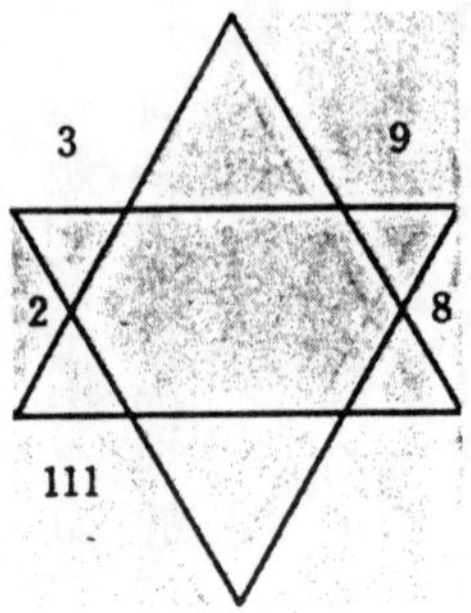


兩個「3」者的出生圖

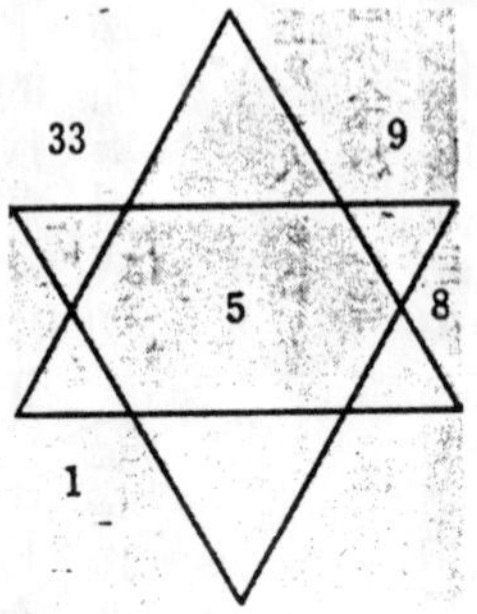


很難順從一般的社會規矩。處理任何工作往往忽視以往常識性的方法，而刻意以自己的方式處理。絕不會利用相親的方式決定婚姻，婚禮的形式也是超凡脫俗，令旁人眼睛為之一亮。

有這種組合的人，富有卓越的想像力且能言善道。書寫能力也極為優秀。但受到社會強烈的排擠，恐怕徒有曠世奇才亦常嘆挫折之苦。

這種人必須充份地顧慮社會性及常識性。

## 三個以上的人●過度追求夢想

這種組合的人，對於具備高人一等的智商感到滿足。但如果只固執己見，恐怕會因而排除他人傳授的知識或傳統的智慧。換言之，「3」極端多的人，容易變成以自我為中心或帶有愛幻想的傾向。

而且，似乎特別喜愛議論，應戒慎。由於特別喜愛爲了主張自我意見的議論，而對他人的見解毫不感興趣，這樣的態度很難在群體協調的社會生活中生存。

但基本上「3」是幸運的數字。

只不過它是位於「思考」行列的最後一個數字，且是「精神」行列的第一個數字，因而本質上和個人的智慧關係密切。

因而具有多個「3」的人，因充份理解自己天生的特性並給予利用。

詩人或學者中常見出生圖中並排著三個以上，以智慧與精神活動爲第一的「3」。喜好瞑想富有創作的意慾。日本詩人且是著名雕刻家的高村光太郎就是其中的典型。而在競技運動上活躍的人當中，鮮少有兩個以上「3」的人。

必須注意的是，若爲女性可能過於追求自己的夢想、理想而過單身生活，或婚後因夢想與現實的距離而煩惱，甚至造成不幸。結婚的機會比一般人來得晚。

三個「3」者的出生圖

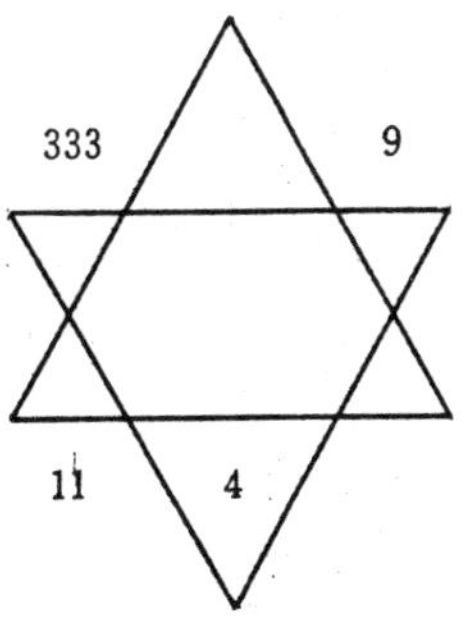

## 4

### 只有一個的人●腳踏實地

只有一個「4」的人，具備組織自己周遭者的才能，富現實感而腳踏實地。

因此，如果和富有創造才華的人共事，必能獲得卓越的成果。因爲，其中一人提出構想，另一個人可將計劃付諸實行。

如果同時擁有代表創造性的「3」的數字，則可彌補其缺點。

擁有這個數字的人，手腳伶俐尤其具有手工藝的才能。同時也醉心於音樂，渴望成爲才華出衆的音樂家。「4」是物質的數字。出生圖中有「4」的人，往往對精神面不表關心。恐怕在世人眼中是所謂的「守財奴」，應特別注意。

### 有兩個的人●重視正確性

做任何事都朝成功的目標邁進，且能以堅強的意志衝刺。有關手藝方面的卓越才華

一個「4」者的出生圖

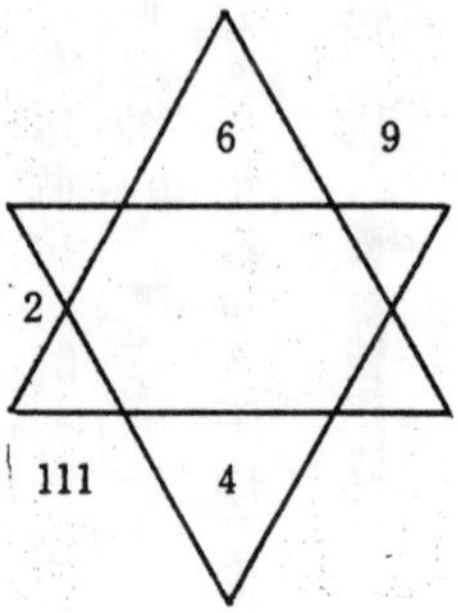


兩個「4」者的出生圖

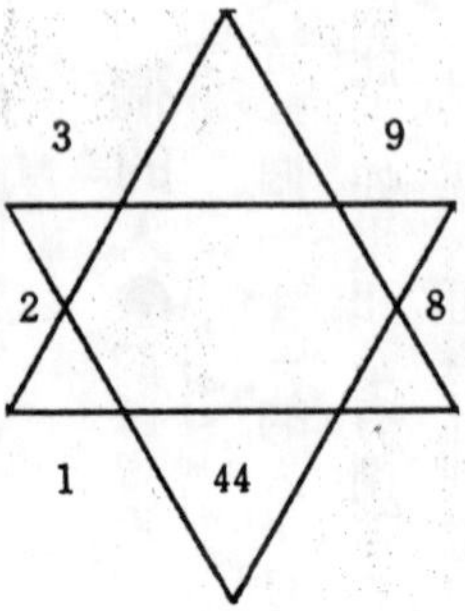


在工作上或興趣方面都出類拔萃。因此，適合雕刻、陶藝、雕金、銀雕等精細美術。

這種人首重正確性。極度討厭抽象概念或曖昧不明的發言。

擁有這個數字的人，與人進行交易或談戀愛時應注意讓自己的立場或意見獲得正確的評價。因爲，這種人在事業上或男女間的問題方面常吹毛求疵，且要求他人必須和自己有同樣的行止。

這種人認爲粗暴的態度或觀念是導致事物失去眞確的原因。

但這種類型者富有高度智能與精神力，應能擁有幸福的人生，所以，不該壓抑他人的生活方式。

## 三個以上的人●堅持自己的模式

這種類型的天生性格與特徵會產生強烈作用，因而當事者及其周遭常有糾紛發生。擁有三個「4」的組合會表現幾近天才的靈巧。但可惜的是，鮮少有人實際地發揮如此卓越的才華。

和只有一個或兩個「4」的人相較下，這個特徵當然倍增。但並沒有克服如此強大力量的堅強本性。

且過於拘泥自己的方式，無法變更既定的日程安排。因此，必須有較長的時間才能適應新環境或面對新的局面。

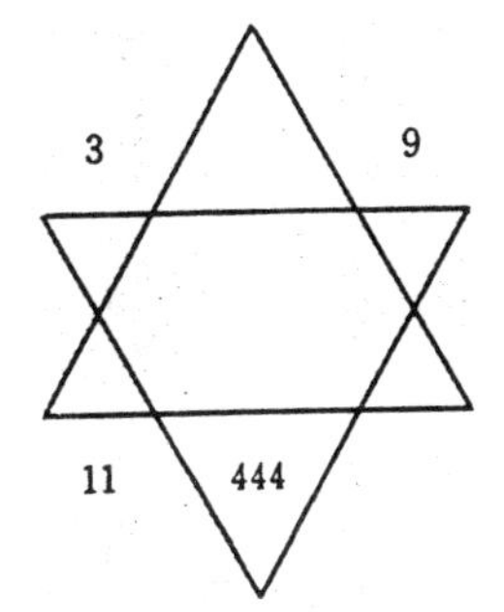

三個「4」者的出生圖

這種人應緩和將事事系統化的一般性能力。因爲，過於忠實自己的人生或工作，恐怕會變成酷使部屬的上司，或變成處事採高壓政策的人。在戀愛或婚姻生活中也常以自己的方便來壓迫對方。這一點恐怕會造成彼此間產生問題的危機。

和其他數字重複爲三的情況相同地，若不找到宣洩多餘的才能與精力的出口，會造成慾求不滿。

適合這種類型者的解決之法是展現藝術性的手藝，尤其是音樂或手工藝的分野。而高度的肢體運動等，比運用腦力的工作更適合。

「4」是表示體力與耐力的數字。擁有許多這個數字的人，通常會習得一技之長並給予發揮。不論從事任何職業都能成爲該行的專家且能發揮天才的技能。

# 5

## 只有一個的人●圓滿的人格

「5」這個數字是「混合」數字的象徵，在出生圖整體之中是相當重要的數字之一。「5」的位置正好位於兩個三角形的中心。因此，對周遭所有的領域會造成影響。

換言之，擁有一個「5」者的最大特徵是對周遭帶有強烈的影響力，且具備協調與圓滿的人德。又具有明確的判斷力，能激勵他人也能使他人的能力充份地發揮。

如果欠缺位於正中心的「5」，是表示個人實力的發揮必須有一段漫長的時間。

在工作或家庭生活上非常重視自由，且會將自尊心暴露出來。因此，可能會有家庭

一個「5」者的出生圖

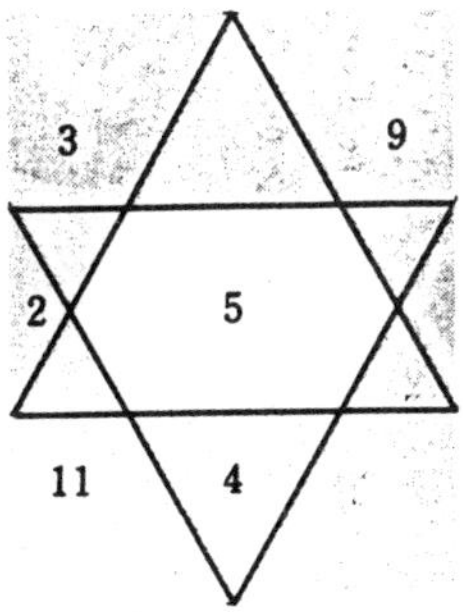


兩個「5」者的出生圖

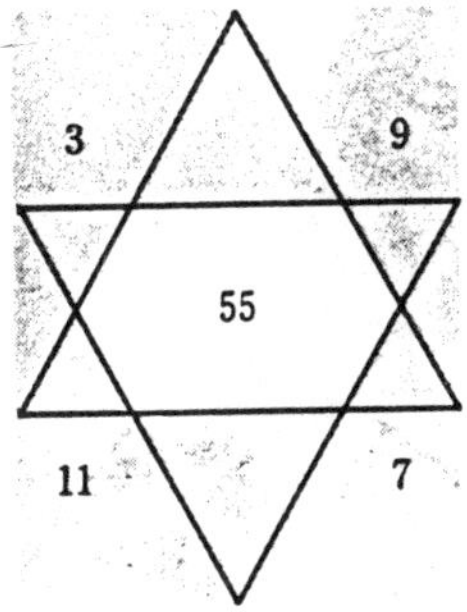


爭議或糾紛。

雖然對於與自己關係並不深的人幫助甚大，但若是自己本身的問題，往往變得不知所措。這是因爲外在的表現太好，以致無法注意自己行動的均衡。

## 兩個的人●注意家庭內的糾紛

「5」是帶有強烈影響力的數字。重複出現兩個5會增加其影響力。

出生圖中有這種配置的人，性格相當堅定又具備說服他人的才能。

但懂得掌握他人的心，卻缺乏對家人的顧慮，這種傾向比一個「5」更爲強烈，有發生家庭內糾紛的危險。和這種人一起生活會出現困難，因而多

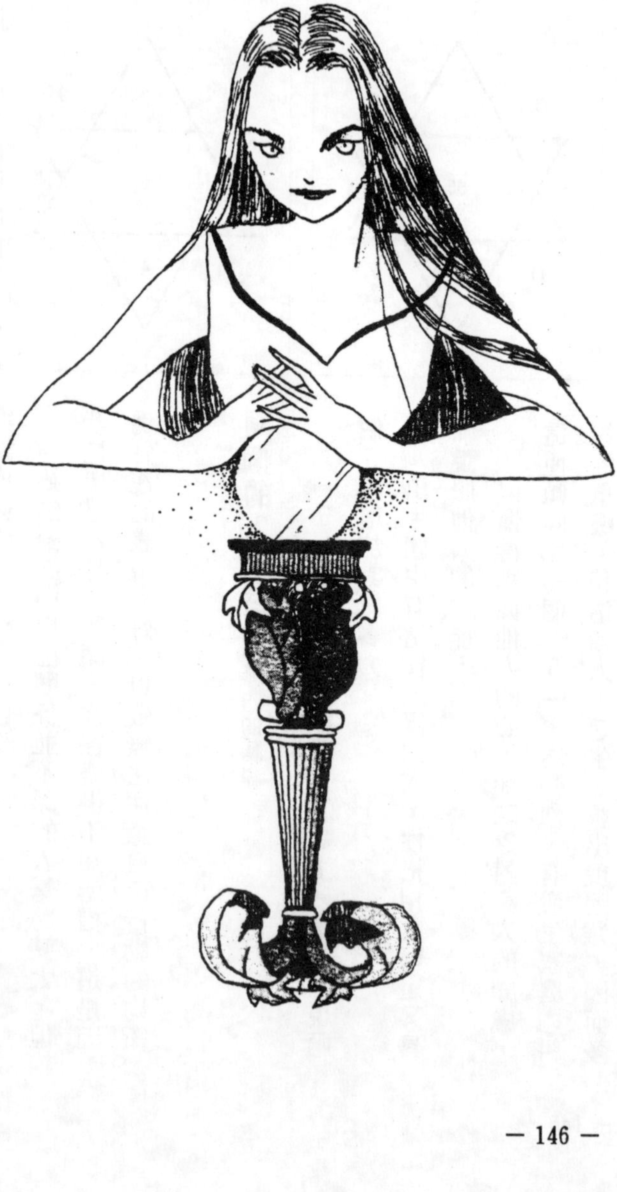

數人有離婚經驗。

這種旺盛的潛在精力並無法利用酒或沉迷於享樂發洩。應儘量克制過度的肉體慾望，把注意力朝向藝術或學問等創造性的分野。

生性喜愛自由，且追求自由的環境，但不僅自己要求自由也希望他人隨從。與這種人交往必須熟知其性格。若全盤接受其影響，將無法維持自己的生活信念。

## 三個以上的人●具備帝王的資質

三個「5」者的出生圖

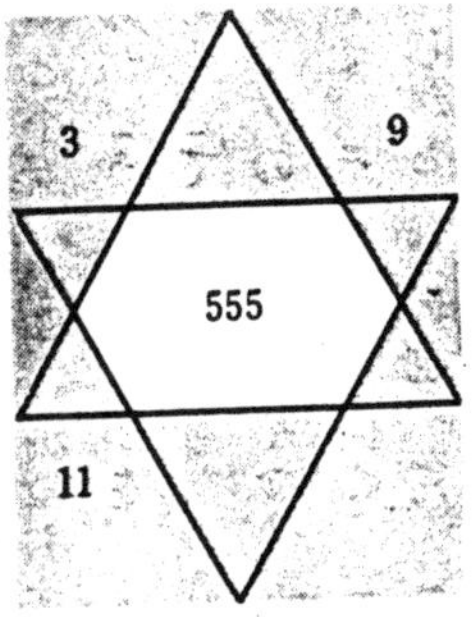


表現帝王資質的人。具有令人畏懼的影響力及統帥能力。

擁有三個或四個「5」的人，幾乎都能達成自己的希望。但這個能力如果運用不當，恐怕會造成慾求不滿或暴發不安。必須用心瞭解平常的生活實態。否則恐怕凡事以自我爲中心而導致意想不到的危險。

這種人精力充沛，凡事都能駕輕就熟。因此，奮力衝刺而有選擇更危險狀況的傾向。但從未思及何以喜愛冒險。也許危險是其人生的一部份。

和這樣的人談戀愛時，最好注意避免發展爲超越常軌的方向。

譬如，職棒選手中常見出生圖有許多「5」的數字。如果出生圖中沒有「5」的數字，雖具實力通常難逢機會或人生常有波折。因爲，對運動員而言，「5」是非常重要的數字。

## 6

## 只有一個的人●與兒童、長輩志氣相投

「6」是表示對家人、家庭的愛情。擁有這個數字的人，在家庭生活中具有強烈的責任感，且具備處理日常生活中繁雜瑣事的能力。

天生與兒童、老年人志氣相投，可以持續長久的人際關係，因而將是位優秀的父母或監護人。但過於顧慮夫婦或家庭的問題，恐怕會削減處理日常瑣事或工作的能力，因

一個「6」者的出生圖

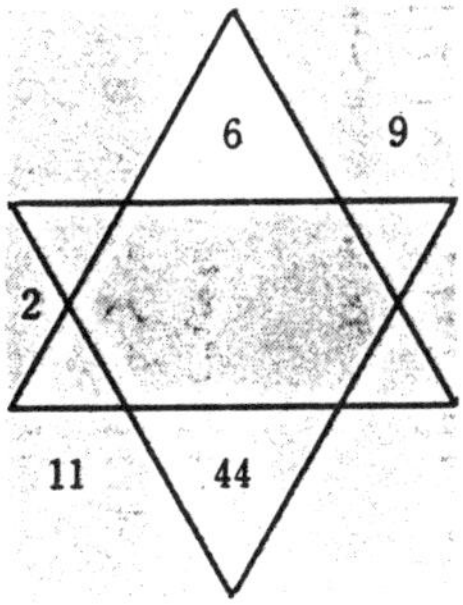


兩個「6」者的出生圖

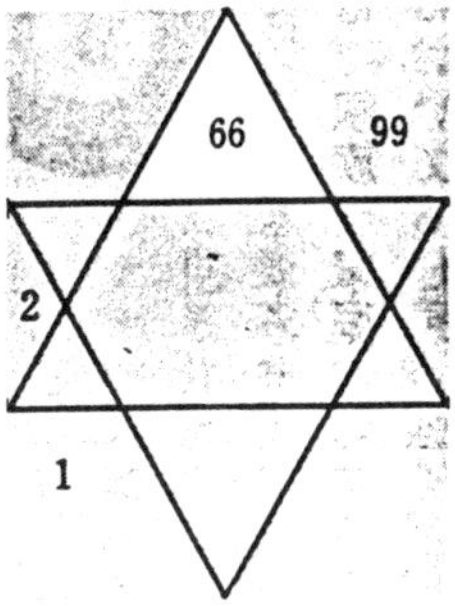


而對上述問題應保持適可而止的態度。渴望待在家裡乃是出自對落單的不安，亦即對孤獨的恐懼感。

如果不自覺缺乏敏捷處理事物的能力，恐怕在經濟上會碰到難題。

## 兩個的人●家庭內產生不安

出生圖中擁有兩個「6」的人，經常體驗家庭內的不安。自覺父母的過於保護或身為人父人母時，產生不安定的親子關係，終其一生面臨不安的人際關係。

幼兒期處於極端狀態的人，長大成年後常會拼命地建立另一個模式的家庭。往往過於熱衷於經營家庭生活。因此，成為人父人母之後必須具備均衡感。最好讓孩童有某種程度的獨立生活，讓其自由地成長。

擁有兩個「6」的人，應該努力去瞭解家族之間人情的奧妙關係。否則家庭內的感情糾紛不斷。甚至會危害到自己的健康。

## 三個以上的人●對親人的溺愛癖

任何人都知道兒童一旦長大成人，總會離開父母身邊建立自己的家庭。但擁有「6」三個以上的人，在現實生活中卻不願認同這個事實。

這種人的過剩防衛本能及對親人的溺愛癖，反而會在家庭內造成問題。

這個複雜的性質，會出現喜愛悲觀的生活勝於過著幸福、樂天派的生活。

欠缺對社會性的顧慮，並拘泥自己的方式有吹毛求疵或對親人過度牽掛的行止。

因此，家庭失去和諧，人際關係也一團糟。

三個「6」者的出生圖

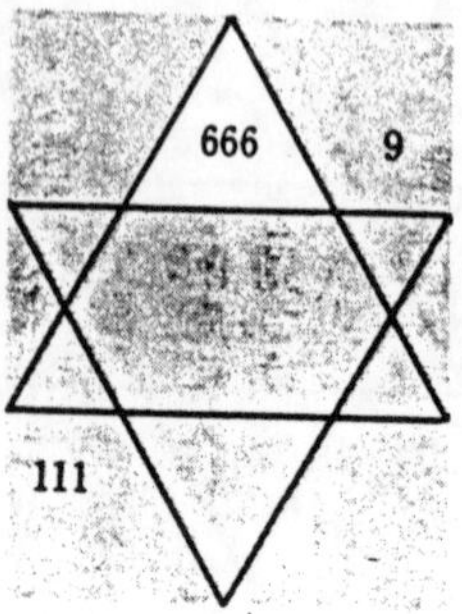

這種人孩子越多才能感到喜悅。換言之，有較多的孩子才不會將所有的心思集中在一個孩子身上，而得以分散、發洩。

如果能在創造性的興趣中找到宣洩口，則能掙脫過剩的家族愛，能找到幸福。

今後的世代出生圖中重複出現「6」的情況並不多。因此，以擁有兩個以上「6」者的例子來看，可能會以某種方式變更工作或有家庭內的煩惱、生活環境劇變等。

此型常見變更住所，或大變動之下而掌握運勢的人。

## 7

### 只有一個的人●暗示自我犧牲

「7」是意味自我犧牲。

生命圖中有這個數字的人，當發生問題時常認爲乃是自己強烈的性格受到試煉。但多數所經驗的困難，乃是自己設定的課題。

不過，只要曾經克服問題，即使該問題重複發生也應已找到解決之策，而容易度過

一個「7」者的出生圖

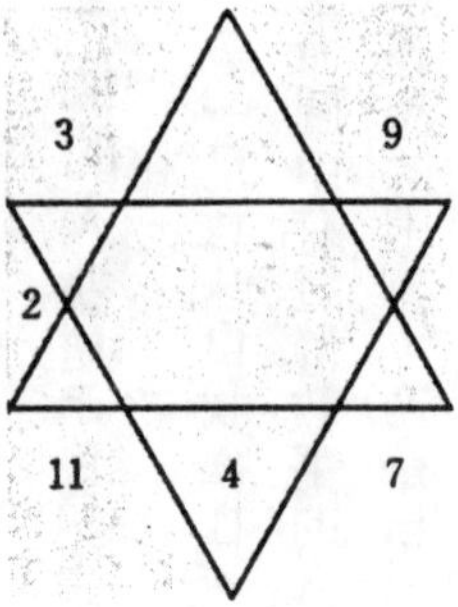


兩個「7」者的出生圖

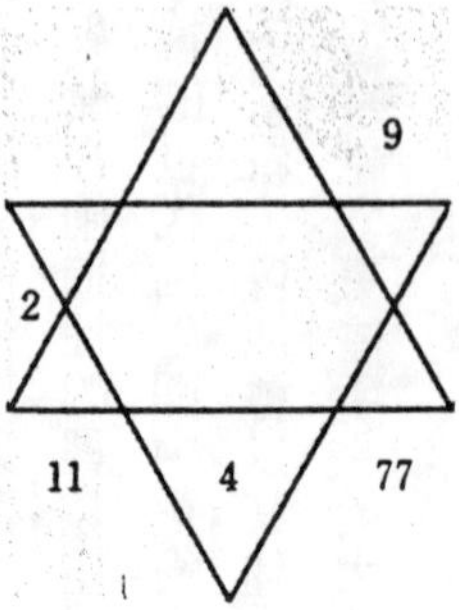


難關。

當崇高的眞誠獲得他人認可之後，會提升社會信用，此後不必再做大犧牲也能挑起重任。

## 兩個的人●具備冷靜分析狀況的才能

這種類型意味堅強的意志及克服障礙的潛在能力。擁有兩個「7」的人，能充份發揮犧牲精神且具備冷靜分析狀況的才能。

經過障礙的試煉，可以產生理解力與智慧，使得這個人在精神面及物質面都日漸充實。

但無法面對試煉而從中學習的人，只會變成愛發牢騷者。

這種配置通常具有音樂方面的才能。

## 三個以上的人●為工作全力付出

「7」並排三個的配置，會擴大兩個「7」的特質。

探索宇宙的能力更為突出。

不論「7」是一個或兩個或三個，都對心靈研究或超自然的現象感興趣。

三個「7」者的出生圖

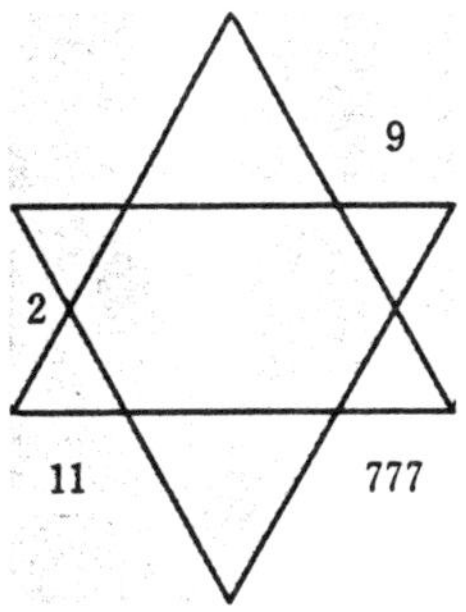


但若要在這方面求得更深的知識，最好特別小心。而渴望具備處理有關超自然領域所必要知識的人，必須接受深具權威的專家指導。

同時，必須對眼前的工作積極地參與。絕對不可迴避。

由於自我犧牲的精神太強，在人生中的重擔超越一般人的想像。因此，一旦失敗後深受打擊而有可能因此而意氣消沉。

「7」重複出現的人，通常年輕時的刻苦耐勞到了晚年可以開花結果。

雖然生活方式並不氣派，卻能踏實地堅持自己的生活方式並掌握機會。

占卜力及靈感極強，擁有神奇的運勢。因此，通常有出乎意料的機運，或掌握意想不到的機會。

# 8

## 只有一個的人●確實掌握每一件事

出生圖有一個「8」的人，愛乾淨、一絲不苟。若憑個性處理工作，必須具備相當的耐力。因此，碰到重大的工作通常耐性不足、半途而廢。

如果不能沉著地面對人生恐怕一事無成，徒有夢想的追求。做任何事都無法達到純熟練達的境界。

但擅長處理日常瑣碎事物，適合擔任工匠或事務專員。

一個「8」者的出生圖

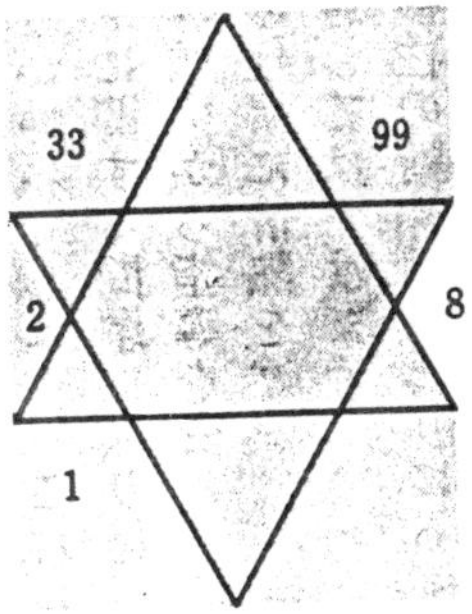

若是女性，擅長處理家務，應可在平日的生活中發現幸福。

## 兩個的人●不信任他人意見

出生圖有兩個「8」的人，具有高度的理性，對他人傾向於採取獨裁的態度。換言之，喜好自己處理事物，若非親自印證鮮少聽信他人意見。

有兩個「8」的人，希望周遭是瞬息萬變的環境，因而會積極地帶動變化。因爲，若非如此會陷入深刻的慾求不滿。

兩個「8」者的出生圖

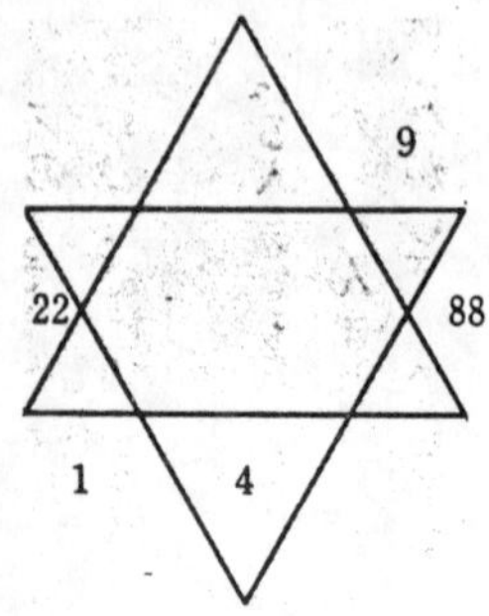


這種人應努力於精神方面本質問題的開拓。因爲只對物質方面感興趣，終究會產生排斥。

## 三個以上的人●年輕時期有各種經驗

這是非常少見的類型。腳踏實地、能正視現實而採取行動。運勢亨通時可期待相當戲劇性的結果。

但顯得浮躁不安，必須懂得控制變化及經常面對的感動。年輕時期盡可能多方面地經歷，中年以後才投入身邊的工作。

面對平常的狀況變化能正確地判斷，且有效地利用，因而可在事業或財界發揮卓越的才華。

雖然常肩負重大的責任，卻能以積極的態度達成。

不過，雖有正確的狀況判斷，卻似乎難以抓住機會。如果不刻意凸顯物質方面的慾望，比其它數字的極端配置更能發揮天生的能力。唯有瞭解金錢與物質不能擁有幸福才能活化自己的才能。

三個「8」者的出生圖

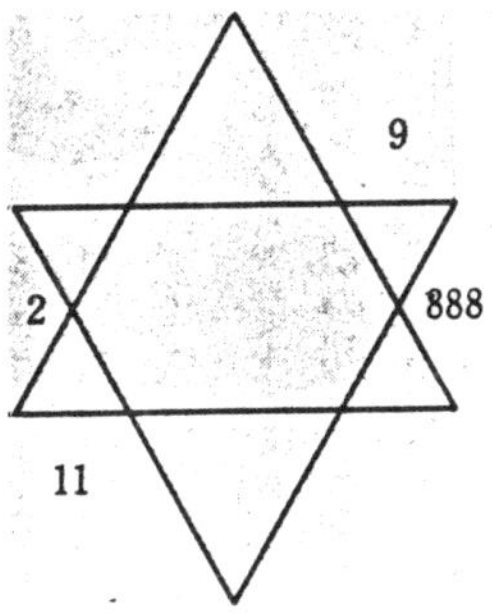


一九九〇年代出生，有三個以上「8」的人爲數稀少。如果有三個以上「8」的人，是觀念相當頑固者。若非親身體驗，絕不信服且喜愛分析調查。

若要彌補這類嚴密主義的缺點，最好是文學家又是實業，或政治家又兼實業家，同時處理兩個以上的工作常會成功。

# 9

## 只有一個的人●將精神面具體化的慾望

「9」位於精神與行動行列的交接處。出生圖中有「9」的人請特別注意這一點。

進入二十世紀之後，人類以驚人的速度在各個方面推動世界的發展。在一世紀之前，具有帶領潮流、高瞻遠矚的人，和現代人同樣地有各種的構想。但當時通常無法獲得旁人的認可。

時至現代，富有創意的人則將這些概念實際與行動配合。因此，具有一個「9」的類型渴望將精神面具實地以某種形式呈現出來。

一個「9」者的出生圖

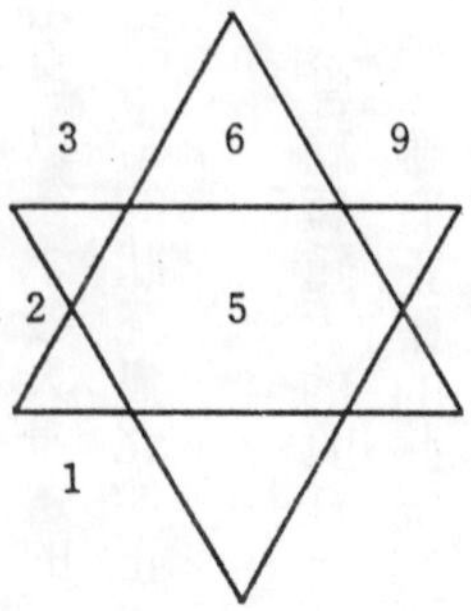


## 兩個的人●崇高智慧與探索心

有三個「9」者的出生圖

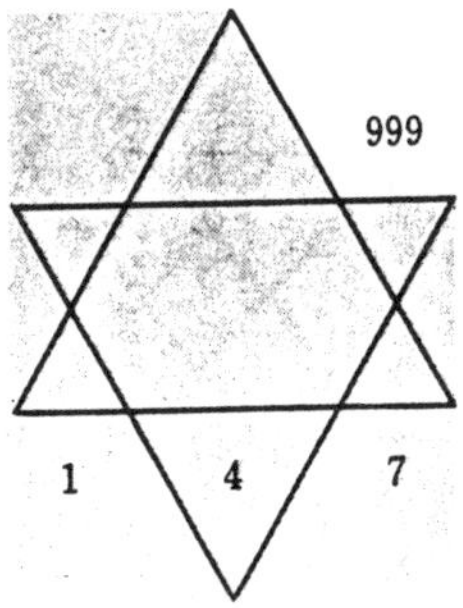


有兩個「9」者的出生圖

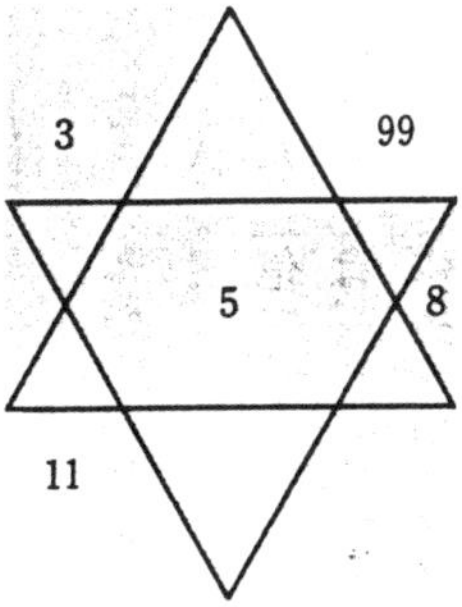


這種類型表示卓越的智慧、高度知性、探索心。多數的哲學家或擁有睿智者，通常出生圖中有兩個「9」。若能正當地運用深邃的思考力，必能給衆人帶來莫大的幸福。

但這種人的性格有二、三造成問題的特性。

對自己的能力自信過大且耐性不足，而對與自己同樣富有知性的人常帶以批判的眼光。如果無法理解個性化的才能並非與他人爭奪優劣勝敗，恐怕會失去人和。

不和與自己同類型者一起工作或交往的傾向，只會招來反感，無法產生好結果。

同時，反覆不斷的知性刺激，會顯著地消耗體力，最好以體育運動做爲宣洩口。

## 三個以上的人●從事了不起的精神活動

出生圖中有三個「9」的人，若能找到適合的領域，必能從事了不起的精神活動。天生的智慧若使用於正途，一定對人類幸福帶來助益。

但若用之不當，恐怕會爲了己私而不惜殺人。

和有兩個「9」同樣地，這種人必須避免自認比他人優秀或令人產生這樣的印象。如此才能自然地獲得智慧與勇敢的禮讚。

但這乃是對專一才能的稱讚，並非人格受到尊敬。

而以智慧做爲掙錢的原動力，有時可能會引發牢騷。

一九〇〇年代出生者都有一個「9」。換言之，一個「9」相當普遍性，而出現三個以上時，則會強調「9」的含意。

這種情況常見具有指導力的領導人物。若能適切地發揮長才，將成爲組織的領導人或媒體界的寵兒。

但若應用不當，會有犯罪的傾向，應特別注意。

# 如何解讀完全的配列

## 斜向配列的解讀法

以下根據出生圖中數字的構成，分析性格所產生的變化。

如前所述，雙重三角形的配置中縱、橫列各有其含意。縱列是「思考」「意志」「行動」，橫列是「精神」「魂魄」「肉體」。如果再增加橫向配列，即可更深入地解讀出生圖。斜向配列的「1」「5」「9」是「決斷」，「3」「5」「7」是「同情」。

以下針對各個配列做數秘術的解釋。

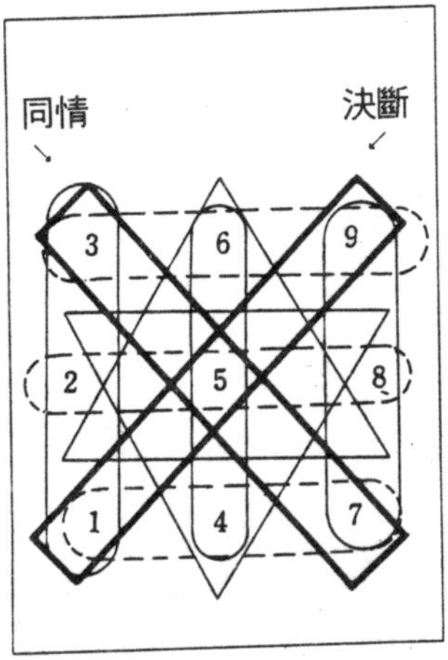

## 「思考」之列完整的人（「1」「2」「3」並列時）

這是意味按部就班的思考模式且能依理生活的人。凡事特別重視井然有秩的條理。當然也對周遭者如此要求。但令人諷刺的是，自己本身卻有邋遢的一面。如果嚴以待人而自己卻不實行，恐怕遭受責難。

這種人具備大事業的企劃力及有效地經營管理的能力。但對於微不足道的工作帶有輕視的傾向。

這個傾向可能會妨礙事業的達成。如果能將工作委任旁人代勞，則可彌補缺點。思慮深遠的類型，受到周遭壓迫時則認定被人瞧不起。因而往往忘記周遭還有需要自己的人。

眼中只有自己，已無暇顧及他人陷入苦境。

但若實際目睹他人悲傷怨嘆，則不能置之不理。拼命地思考如何給予解決的方法。

擁有這個數字組合者，碰到越大的問題越能燃起解決問題的鬥志。因此，將成爲面臨危機時最好的戰友。

「意志」之列完整者的出生圖

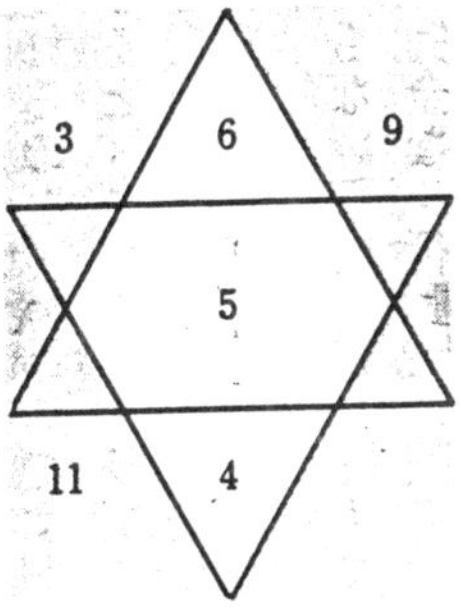


「思考」之列完整者的出生圖

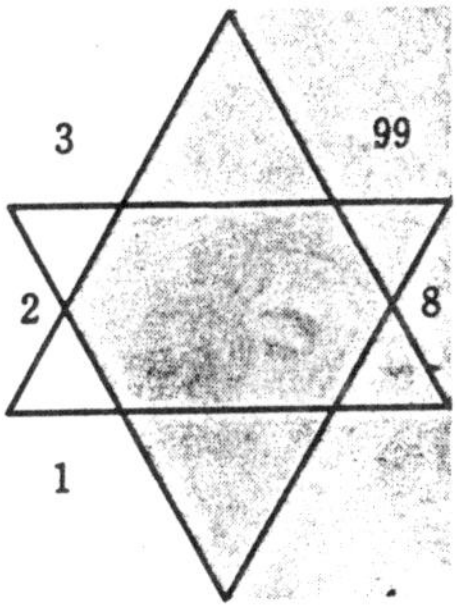


## 「意志」之列完整的人（「4」「5」「6」並列時）

表示強烈的意志力。這個能力如果能應用在社會或他人身上，將獲得社會上或金錢上的極大回報。「6」表示對家庭的愛、「5」是對人們的影響力、「4」和誠實有關。因此，這種人可以過著和平而幸福的婚姻生活。

自然地與人交際往來而能順應任何狀況，可以配合對方或當場的情況改變自己的氣氛。因此，很容易接納他人進入自己的生活內。

另一方面，也渴望他人步入自己的人生。這種慾望最好發揮在服務他人的義工領域，若以個人的層次交往，恐怕此慾過強而造成糾紛。

## 「行動」之列完整的人（「7」「8」「9」並列時）

行動力無以倫比的人。甚至談話中已付諸行動。「行動」之列完整的人，應留意從事運動、攝取配合身體狀況的飲食，並有充足的睡眠。如此才能保持肉體、精神雙方面的最佳狀態。

如果無法遵守規律的生活，可能會魯莽行動而失去均衡，常有感情方面的不安。在這樣的狀況下很容易變得歇斯底里。

「行動」之列完整者的出生圖

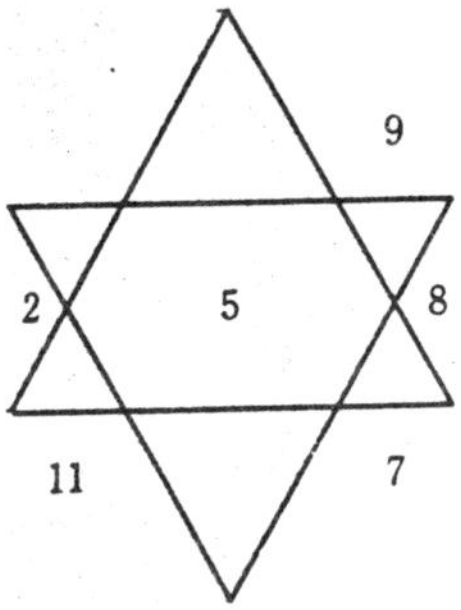


最好避免和可能對生活帶來不和的人交往，不要涉足引起糾紛的狀況。

富有行動力的人，若與具創見者結成伙伴，必可因明確地訂定目標而獲得豐碩的成果。

## 「精神」之列完整的人（「3」「6」「9」並列時）

思維富邏輯性、呈現均衡的精神面。智能高而記憶力也強。

這種人面對與自己的精神領悟或智能層次不同的人時，應避免所表現的浮躁不安。均衡的精神具備合理地思考日常生活中不斷出現的各種問題，並從中尋求邏輯解答的能力，因而在家庭內可以充份地發揮自己的責任。

「精神」之列完整者的出生圖

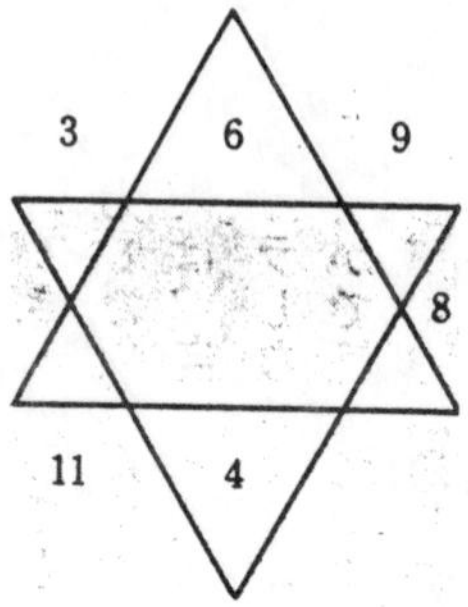


這種難得的資質若發揮在爭取他人的利益，必受到感謝與讚賞。

但若應用於個人的金錢經營，憑個人的力量將無法獲得精神上的滿足，必會變成孤獨的人。

但這種情況算是例外。因而應積極開發智能的提昇。

## 「魂魄」之列完整的人（「2」「5」「8」並列時）

具有這種出生圖的人，待人寬容能順應任何立場、環境。感受性敏銳，能立即察覺他人的喜怒哀樂。這種超越常人的直覺會令陌生人主動上門求教。因爲，在別人眼中即使初逢乍識，也令人覺得信賴感十足。

在現實生活中不能坐視陷入困境者不顧，必伸手援助。犧牲奉獻的能力可在義工活動或福祉相關業中大大地發揮。

對他人之事鼎力相助，但若碰到自身的問題卻無法活用這股活力而感到困難。由於個人的感情起伏激烈，有時可能胡亂思考而顯得身心憔悴。不過，周遭者會伸出援手給予拯救。

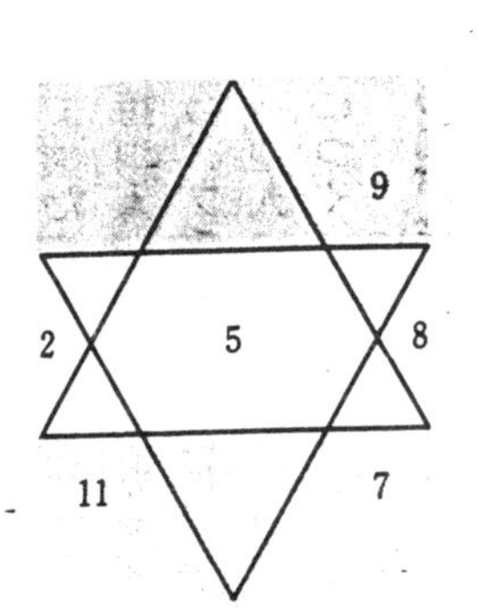

「魂魄」之列完整者的出生圖

這種人如果一再被感情上的不安所襲擊，恐怕會躲進自己的窠臼內。因爲，只對與自己同類型者感興趣，而完全忽視其他類型者的存在，傾向於過著逃避現實的生活。不過，這種行列配置的人鮮少會暴露其負面的特性，通常只會將正面的部份表現出來。

簡言之，不是在他人命令下或基於義務從事，而是發自內心眞誠地感到服務他人的喜悅。

## 「肉體」之列完整的人（「1」「4」「7」並列時）

這個行列齊整的人活力十足，能度過健康的人生。音樂才華卓越，不論在鑑賞或實際演奏方面都比他人優秀。但感受性過於敏銳，如果無法滿足其創造性的慾求，恐怕難以控制自己的感情。因此，除了專長的肉體能力分野之外，應該在美術或音樂等藝術性或精神面的分野尋求情緒的安定。否則將度過慾求不滿的人生。

「肉體」之列完整者的出生圖

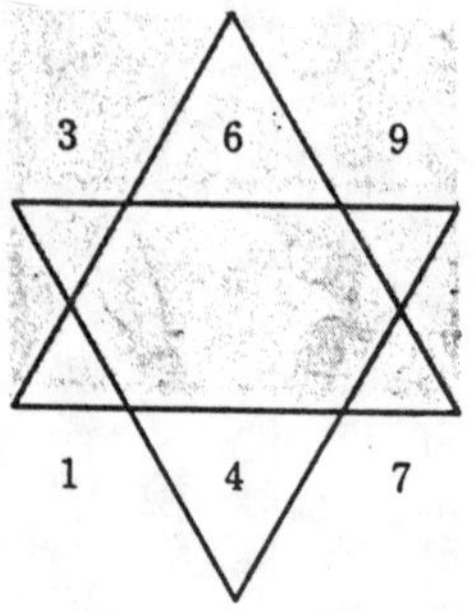


同時，若計較物質面的享受，從中年到晚年可能被社會放逐而在孤獨中受盡折磨。

「1」「4」「7」各表示強烈的個性，因而具有這種組合者若能活用其優點必有突出的發展。

而另一方面反動力強，如果欠缺對自己所缺乏能力的顧慮，可能會陷入意想不到的陷阱。

表示組織能力的「4」和自我犧牲精神的「7」結合的情況下，在團體生活中常有貧困之虞。

## 「決斷」之列完整的人（「1」「5」「9」並列時）

這個行列表示，以決斷的精神及超強的耐力從事工作的能力。

這種人可克服任何障礙，努力不懈直到打開局面，終究可以獲得成功。有時血氣方剛而表現性急的一面，但這些缺點卻能激勵堅決果敢的決斷力。

「決斷」之列完整者的出生圖

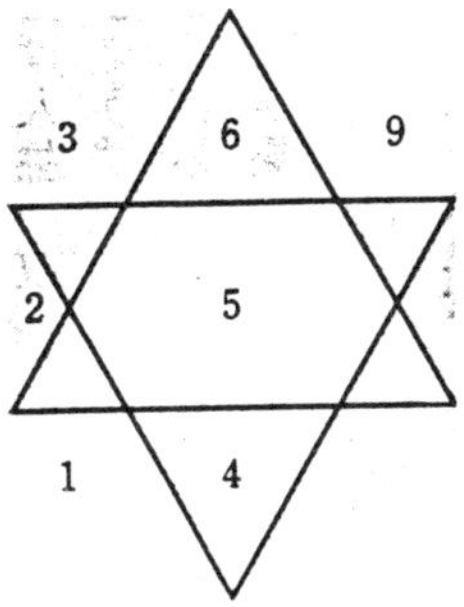


但動輒表現自信過大的態度而顯得傲慢。必須重視對他人的愛情及尊敬的態度。

否則一旦失敗將沒有任何人伸出援手。

天生具有的卓越才華，如果不能得到他人的協助最後仍是人生的失敗者，這一點務必謹記在心。

如果這種人所具有的才幹能發揮在全社會人類的福祉上，將造成有益的結果。但若用在破壞的一

面，情勢將難以收拾。對道德的正確判斷不可或缺。

## 「同情」之列完整的人（「3」「5」「7」並列時）

這是表現精神上的踏實及安定感的行列。生命圖中有這個行列者，能充份地體恤他人的傷痛而立即伸出援手。

但可惜的是，終其一生將背負無數的重擔與難題，可能是命運多舛的一生。

換言之，對他人的同情心過強而無法從他人的悲傷中獲得解放。

「同情」之列完整者的出生圖

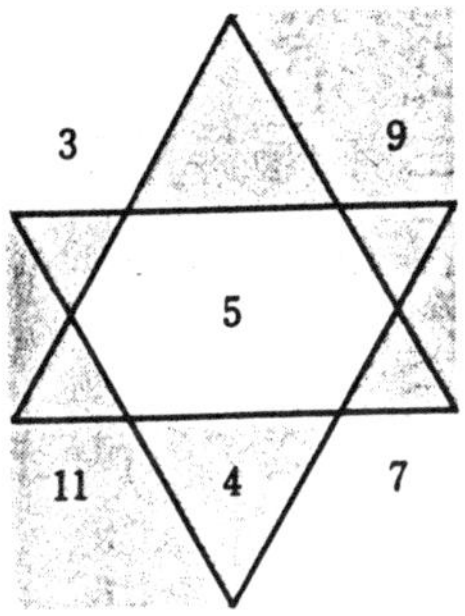


因爲，「7」是表示自我犧牲的數字，它會緩和並抑止「3」和「5」等外向性而開放活潑的資質。

面對人生的困境，勇敢承擔且有準備超越的心態的這種組合在聖人、受難者中常見。

# 如何解讀欠缺的行列

## 空白部份的含意

現代人的出生圖中至少有一個「1」。因此，在「1」「2」「3」的「思考」之列；「1」「4」「7」的「肉體」之列；「1」「5」「9」的「決斷」之列，不可能沒有任何數字。

而本世紀出生者的出生圖中，當然也一定至少有一個「9」。

所以，即使「3」「6」「9」的「精神」之列和「7」「8」「9」的「行動」之列並不齊整，也不可能沒有任何數字。因而只有「2」「5」「8」的「魂魄」之列、「4」「5」「6」的「意志」之列、「3」「5」「7」的「同情」之列，等三個行列在出生圖中可能會留下空白。

因此，以下說明這三個行列欠缺時的解讀法。

## 「魂魄」之列欠缺的人（「2」「5」「8」缺乏時）

表示自幼的自卑感及缺乏與人交際往來的能力。這種人很明顯地，欠缺自信與自尊心。

但唯一可安慰的是，具備憑第一印象正確地分析他人性格的能力。欠缺這個行列者難以與人相處，常渴望逃避現實。因此，對他人的性格相當敏感。

刻意利用任何機會與多數人交往，努力建立廣播的人際關係。如果不藉由與他人的交際往來使內向的個性變得開朗、愉快、且具有刺激感，恐怕無法脫離度過孤獨人生的宿命。

「魂魄」之列欠缺者的出生圖

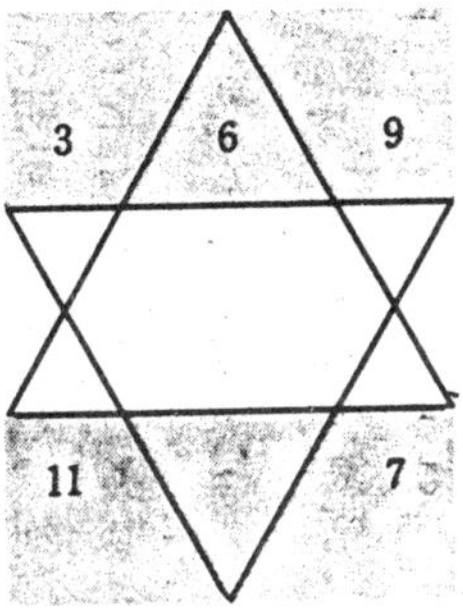


## 「意志」之列欠缺的人（「4」「5」「6」缺乏之時）

這個類型是暗示家人或家庭的分離。尤其必須注意家庭內的不幸。同時也暗示可能遭受父母或其中一方的嫌棄、虐待、疏離。

如果父母所表現的是過保護或採斯巴達主義的教育方法，會加強這種傾向而造成親子反目成仇。

即使情況不致於如此惡劣，兒童期的「衝勁」往往受到壓抑。

欠缺這個行列者意志薄弱、缺乏挑戰精神，碰到困難則有放棄目標的傾向。當然，家庭生活或婚姻生活也容易發生問題。

因爲，欠缺與親近者保持協力關係。若能確實認同自身的缺點，在年輕時期給予矯正，日後可減輕煩惱。

雖然天生屬於爲近親者的人際關係傷透腦筋的類型，所幸的是和第三者之間的關係較爲順暢圓滑，毫無這類糾葛。

「意志」之列欠缺者的出生圖

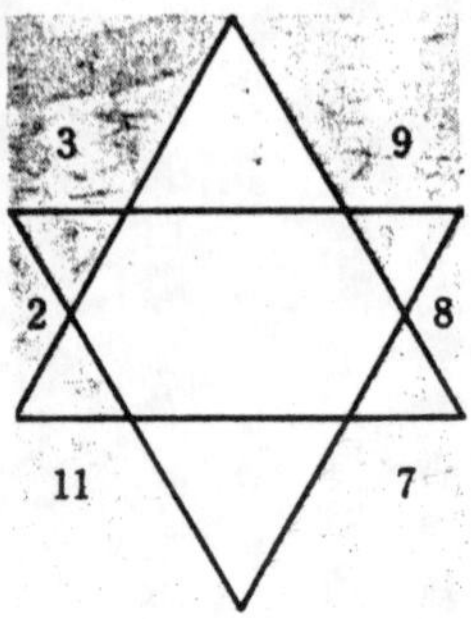

# 6　深入解析你的秘數

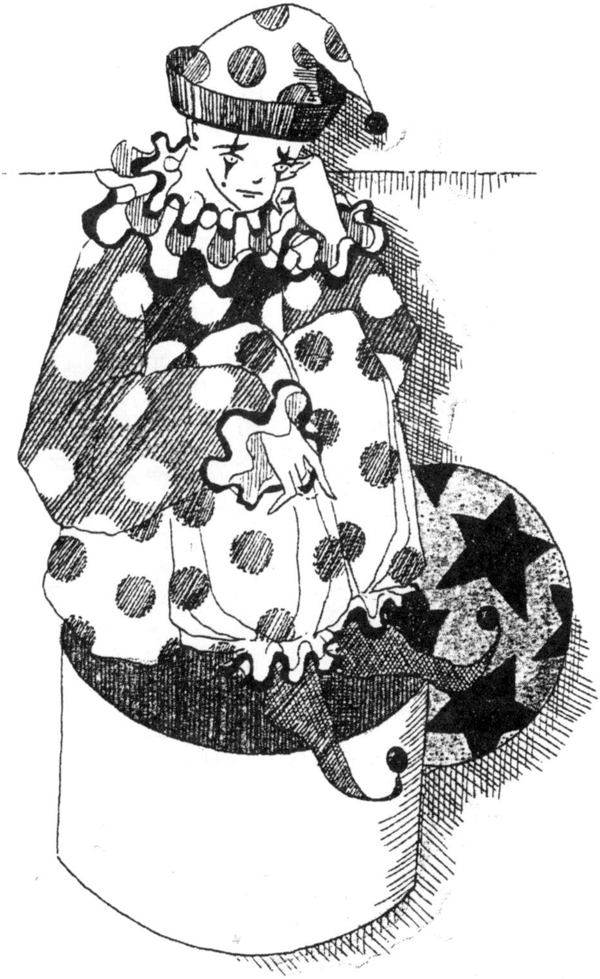

## 「同情」之列欠缺的人（「3」「5」「7」缺乏時）

欠缺「同情」之列的人，常在朋友或同事之間發生問題。生性喜好強烈地標榜自我，在與其交往者的眼中，是令人感到沉重的負擔。應極力注意與同伴相處和諧之道。

而這種類型對物質面極感興趣，稍欠精神方面的顧慮。應該藉由興趣等擴展視野，用寬裕的心情去面對人生。

也許保持寬裕之心，才能找出對慾求不滿的解決之策。

「同情」之列欠缺者的出生圖

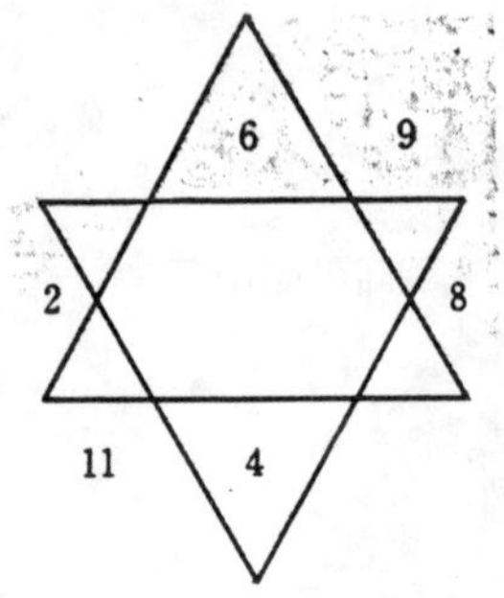

大展出版社有限公司　圖書目錄

地址：台北市北投區11204
致遠一路二段12巷1號
郵撥： 0166955～1
電話：(02) 8236031
8236033
傳眞：(02) 8272069


## ・法律專欄連載・電腦編號 58

台大法學院 法律學系／策劃
法律服務社／編著

| | |
|---|---|
| ①別讓您的權利睡著了[1] | 200元 |
| ②別讓您的權利睡著了[2] | 200元 |

## ・秘傳占卜系列・電腦編號 14

| | | |
|---|---|---|
| ①手相術 | 淺野八郞著 | 150元 |
| ②人相術 | 淺野八郞著 | 150元 |
| ③西洋占星術 | 淺野八郞著 | 150元 |
| ④中國神奇占卜 | 淺野八郞著 | 150元 |
| ⑤夢判斷 | 淺野八郞著 | 150元 |
| ⑥前世、來世占卜 | 淺野八郞著 | 150元 |
| ⑦法國式血型學 | 淺野八郞著 | 150元 |
| ⑧靈感、符咒學 | 淺野八郞著 | 150元 |
| ⑨紙牌占卜學 | 淺野八郞著 | 150元 |
| ⑩ＥＳＰ超能力占卜 | 淺野八郞著 | 150元 |
| ⑪猶太數的秘術 | 淺野八郞著 | 150元 |
| ⑫新心理測驗 | 淺野八郞著 | 150元 |

## ・趣味心理講座・電腦編號 15

| | | | |
|---|---|---|---|
| ①性格測驗１ | 探索男與女 | 淺野八郞著 | 140元 |
| ②性格測驗２ | 透視人心奧秘 | 淺野八郞著 | 140元 |
| ③性格測驗３ | 發現陌生的自己 | 淺野八郞著 | 140元 |
| ④性格測驗４ | 發現你的真面目 | 淺野八郞著 | 140元 |
| ⑤性格測驗５ | 讓你們吃驚 | 淺野八郞著 | 140元 |
| ⑥性格測驗６ | 洞穿心理盲點 | 淺野八郞著 | 140元 |
| ⑦性格測驗７ | 探索對方心理 | 淺野八郞著 | 140元 |
| ⑧性格測驗８ | 由吃認識自己 | 淺野八郞著 | 140元 |
| ⑨性格測驗９ | 戀愛知多少 | 淺野八郞著 | 140元 |

| | | | |
|---|---|---|---|
| ⑩性格測驗10 | 由裝扮瞭解人心 | 淺野八郎著 | 140元 |
| ⑪性格測驗11 | 敲開內心玄機 | 淺野八郎著 | 140元 |
| ⑫性格測驗12 | 透視你的未來 | 淺野八郎著 | 140元 |
| ⑬血型與你的一生 | | 淺野八郎著 | 140元 |
| ⑭趣味推理遊戲 | | 淺野八郎著 | 140元 |

## ・婦幼天地・電腦編號16

| | | |
|---|---|---|
| ①八萬人減肥成果 | 黃靜香譯 | 150元 |
| ②三分鐘減肥體操 | 楊鴻儒譯 | 150元 |
| ③窈窕淑女美髮秘訣 | 柯素娥譯 | 130元 |
| ④使妳更迷人 | 成　玉譯 | 130元 |
| ⑤女性的更年期 | 官舒妍編譯 | 160元 |
| ⑥胎內育兒法 | 李玉瓊編譯 | 120元 |
| ⑦早產兒袋鼠式護理 | 唐岱蘭譯 | 200元 |
| ⑧初次懷孕與生產 | 婦幼天地編譯組 | 180元 |
| ⑨初次育兒12個月 | 婦幼天地編譯組 | 180元 |
| ⑩斷乳食與幼兒食 | 婦幼天地編譯組 | 180元 |
| ⑪培養幼兒能力與性向 | 婦幼天地編譯組 | 180元 |
| ⑫培養幼兒創造力的玩具與遊戲 | 婦幼天地編譯組 | 180元 |
| ⑬幼兒的症狀與疾病 | 婦幼天地編譯組 | 180元 |
| ⑭腿部苗條健美法 | 婦幼天地編譯組 | 150元 |
| ⑮女性腰痛別忽視 | 婦幼天地編譯組 | 150元 |
| ⑯舒展身心體操術 | 李玉瓊編譯 | 130元 |
| ⑰三分鐘臉部體操 | 趙薇妮著 | 120元 |
| ⑱生動的笑容表情術 | 趙薇妮著 | 120元 |
| ⑲心曠神怡減肥法 | 川津祐介著 | 130元 |
| ⑳內衣使妳更美麗 | 陳玄茹譯 | 130元 |
| ㉑瑜伽美姿美容 | 黃靜香編著 | 150元 |
| ㉒高雅女性裝扮學 | 陳珮玲譯 | 180元 |
| ㉓蠶糞肌膚美顏法 | 坂梨秀子著 | 160元 |
| ㉔認識妳的身體 | 李玉瓊譯 | 160元 |
| ㉕產後恢復苗條體態 | 居理安・芙萊喬著 | 200元 |
| ㉖正確護髮美容法 | 山崎伊久江著 | 180元 |

## ・青春天地・電腦編號17

| | | |
|---|---|---|
| ①A血型與星座 | 柯素娥編譯 | 120元 |
| ②B血型與星座 | 柯素娥編譯 | 120元 |
| ③O血型與星座 | 柯素娥編譯 | 120元 |
| ④AB血型與星座 | 柯素娥編譯 | 120元 |

| | | |
|---|---|---|
| ⑤青春期性教室 | 呂貴嵐編譯 | 130元 |
| ⑥事半功倍讀書法 | 王毅希編譯 | 130元 |
| ⑦難解數學破題 | 宋釗宜編譯 | 130元 |
| ⑧速算解題技巧 | 宋釗宜編譯 | 130元 |
| ⑨小論文寫作秘訣 | 林顯茂編譯 | 120元 |
| ⑪中學生野外遊戲 | 熊谷康編著 | 120元 |
| ⑫恐怖極短篇 | 柯素娥編譯 | 130元 |
| ⑬恐怖夜話 | 小毛驢編譯 | 130元 |
| ⑭恐怖幽默短篇 | 小毛驢編譯 | 120元 |
| ⑮黑色幽默短篇 | 小毛驢編譯 | 120元 |
| ⑯靈異怪談 | 小毛驢編譯 | 130元 |
| ⑰錯覺遊戲 | 小毛驢編譯 | 130元 |
| ⑱整人遊戲 | 小毛驢編譯 | 120元 |
| ⑲有趣的超常識 | 柯素娥編譯 | 130元 |
| ⑳哦！原來如此 | 林慶旺編譯 | 130元 |
| ㉑趣味競賽100種 | 劉名揚編譯 | 120元 |
| ㉒數學謎題入門 | 宋釗宜編譯 | 150元 |
| ㉓數學謎題解析 | 宋釗宜編譯 | 150元 |
| ㉔透視男女心理 | 林慶旺編譯 | 120元 |
| ㉕少女情懷的自白 | 李桂蘭編譯 | 120元 |
| ㉖由兄弟姊妹看命運 | 李玉瓊編譯 | 130元 |
| ㉗趣味的科學魔術 | 林慶旺編譯 | 150元 |
| ㉘趣味的心理實驗室 | 李燕玲編譯 | 150元 |
| ㉙愛與性心理測驗 | 小毛驢編譯 | 130元 |
| ㉚刑案推理解謎 | 小毛驢編譯 | 130元 |
| ㉛偵探常識推理 | 小毛驢編譯 | 130元 |
| ㉜偵探常識解謎 | 小毛驢編譯 | 130元 |
| ㉝偵探推理遊戲 | 小毛驢編譯 | 130元 |
| ㉞趣味的超魔術 | 廖玉山編著 | 150元 |
| ㉟趣味的珍奇發明 | 柯素娥編著 | 150元 |

## •健 康 天 地• 電腦編號 18

| | | |
|---|---|---|
| ①壓力的預防與治療 | 柯素娥編譯 | 130元 |
| ②超科學氣的魔力 | 柯素娥編譯 | 130元 |
| ③尿療法治病的神奇 | 中尾良一著 | 130元 |
| ④鐵證如山的尿療法奇蹟 | 廖玉山譯 | 120元 |
| ⑤一日斷食健康法 | 葉慈容編譯 | 120元 |
| ⑥胃部強健法 | 陳炳崑譯 | 120元 |
| ⑦癌症早期檢查法 | 廖松濤譯 | 130元 |
| ⑧老人痴呆症防止法 | 柯素娥編譯 | 130元 |

| | | |
|---|---|---|
| ⑨松葉汁健康飲料 | 陳麗芬編譯 | 130元 |
| ⑩揉肚臍健康法 | 永井秋夫著 | 150元 |
| ⑪過勞死、猝死的預防 | 卓秀貞編譯 | 130元 |
| ⑫高血壓治療與飲食 | 藤山順豐著 | 150元 |
| ⑬老人看護指南 | 柯素娥編譯 | 150元 |
| ⑭美容外科淺談 | 楊啟宏著 | 150元 |
| ⑮美容外科新境界 | 楊啟宏著 | 150元 |
| ⑯鹽是天然的醫生 | 西英司郎著 | 140元 |
| ⑰年輕十歲不是夢 | 梁瑞麟譯 | 200元 |
| ⑱茶料理治百病 | 桑野和民著 | 180元 |
| ⑲綠茶治病寶典 | 桑野和民著 | 150元 |
| ⑳杜仲茶養顏減肥法 | 西田博著 | 150元 |
| ㉑蜂膠驚人療效 | 瀨長良三郎著 | 150元 |
| ㉒蜂膠治百病 | 瀨長良三郎著 | 150元 |
| ㉓醫藥與生活 | 鄭炳全著 | 160元 |
| ㉔鈣聖經 | 落合敏著 | 180元 |
| ㉕大蒜聖經 | 木下繁太郎著 | 160元 |

## ・實用女性學講座・電腦編號 19

| | | |
|---|---|---|
| ①解讀女性內心世界 | 島田一男著 | 150元 |
| ②塑造成熟的女性 | 島田一男著 | 150元 |

## ・校 園 系 列・電腦編號 20

| | | |
|---|---|---|
| ①讀書集中術 | 多湖輝著 | 150元 |
| ②應考的訣竅 | 多湖輝著 | 150元 |
| ③輕鬆讀書贏得聯考 | 多湖輝著 | 150元 |
| ④讀書記憶秘訣 | 多湖輝著 | 150元 |
| ⑤視力恢復！超速讀術 | 江錦雲譯 | 160元 |

## ・實用心理學講座・電腦編號 21

| | | |
|---|---|---|
| ①拆穿欺騙伎倆 | 多湖輝著 | 140元 |
| ②創造好構想 | 多湖輝著 | 140元 |
| ③面對面心理術 | 多湖輝著 | 140元 |
| ④僞裝心理術 | 多湖輝著 | 140元 |
| ⑤透視人性弱點 | 多湖輝著 | 140元 |
| ⑥自我表現術 | 多湖輝著 | 150元 |
| ⑦不可思議的人性心理 | 多湖輝著 | 150元 |
| ⑧催眠術入門 | 多湖輝著 | 150元 |

| | | |
|---|---|---|
| ⑨責罵部屬的藝術 | 多湖輝著 | 150元 |
| ⑩精神力 | 多湖輝著 | 150元 |
| ⑪厚黑說服術 | 多湖輝著 | 150元 |
| ⑫集中力 | 多湖輝著 | 150元 |
| ⑬構想力 | 多湖輝著 | 150元 |
| ⑭深層心理術 | 多湖輝著 | 160元 |
| ⑮深層語言術 | 多湖輝著 | 160元 |
| ⑯深層說服術 | 多湖輝著 | 180元 |

## •超現實心理講座• 電腦編號22

| | | |
|---|---|---|
| ①超意識覺醒法 | 詹蔚芬編譯 | 130元 |
| ②護摩秘法與人生 | 劉名揚編譯 | 130元 |
| ③秘法！超級仙術入門 | 陸　明譯 | 150元 |
| ④給地球人的訊息 | 柯素娥編著 | 150元 |
| ⑤密教的神通力 | 劉名揚編著 | 130元 |
| ⑥神秘奇妙的世界 | 平川陽一著 | 180元 |

## •養 生 保 健• 電腦編號23

| | | |
|---|---|---|
| ①醫療養生氣功 | 黃孝寬著 | 250元 |
| ②中國氣功圖譜 | 余功保著 | 230元 |
| ③少林醫療氣功精粹 | 井玉蘭著 | 250元 |
| ④龍形實用氣功 | 吳大才等著 | 220元 |
| ⑤魚戲增視強身氣功 | 宮　嬰著 | 220元 |
| ⑥嚴新氣功 | 前新培金著 | 250元 |
| ⑦道家玄牝氣功 | 張　章著 | 200元 |
| ⑧仙家秘傳袪病功 | 李遠國著 | 160元 |
| ⑨少林十大健身功 | 秦慶豐著 | 180元 |
| ⑩中國自控氣功 | 張明武著 | 220元 |

## •社會人智囊• 電腦編號24

| | | |
|---|---|---|
| ①糾紛談判術 | 清水增三著 | 160元 |
| ②創造關鍵術 | 淺野八郎 | 150元 |
| ③觀人術 | 淺野八郎 | 180元 |

## •精 選 系 列• 電腦編號25

| | | |
|---|---|---|
| ①毛澤東與鄧小平 | 渡邊利夫等著 | 280元 |

## ・心 靈 雅 集・電腦編號00

| | | |
|---|---|---|
| ①禪言佛語看人生 | 松濤弘道著 | 180元 |
| ②禪密教的奧秘 | 葉逯謙譯 | 120元 |
| ③觀音大法力 | 田口日勝著 | 120元 |
| ④觀音法力的大功德 | 田口日勝著 | 120元 |
| ⑤達摩禪106智慧 | 劉華亭編譯 | 150元 |
| ⑥有趣的佛教研究 | 葉逯謙編譯 | 120元 |
| ⑦夢的開運法 | 蕭京凌譯 | 130元 |
| ⑧禪學智慧 | 柯素娥編譯 | 130元 |
| ⑨女性佛教入門 | 許俐萍譯 | 110元 |
| ⑩佛像小百科 | 心靈雅集編譯組 | 130元 |
| ⑪佛教小百科趣談 | 心靈雅集編譯組 | 120元 |
| ⑫佛教小百科漫談 | 心靈雅集編譯組 | 150元 |
| ⑬佛教知識小百科 | 心靈雅集編譯組 | 150元 |
| ⑭佛學名言智慧 | 松濤弘道著 | 220元 |
| ⑮釋迦名言智慧 | 松濤弘道著 | 180元 |
| ⑯活人禪 | 平田精耕著 | 120元 |
| ⑰坐禪入門 | 柯素娥編譯 | 120元 |
| ⑱現代禪悟 | 柯素娥編譯 | 130元 |
| ⑲道元禪師語錄 | 心靈雅集編譯組 | 130元 |
| ⑳佛學經典指南 | 心靈雅集編譯組 | 130元 |
| ㉑何謂「生」　阿含經 | 心靈雅集編譯組 | 150元 |
| ㉒一切皆空　般若心經 | 心靈雅集編譯組 | 150元 |
| ㉓超越迷惘　法句經 | 心靈雅集編譯組 | 130元 |
| ㉔開拓宇宙觀　華嚴經 | 心靈雅集編譯組 | 130元 |
| ㉕真實之道　法華經 | 心靈雅集編譯組 | 130元 |
| ㉖自由自在　涅槃經 | 心靈雅集編譯組 | 130元 |
| ㉗沈默的教示　維摩經 | 心靈雅集編譯組 | 150元 |
| ㉘開通心眼　佛語佛戒 | 心靈雅集編譯組 | 130元 |
| ㉙揭秘寶庫　密教經典 | 心靈雅集編譯組 | 130元 |
| ㉚坐禪與養生 | 廖松濤譯 | 110元 |
| ㉛釋尊十戒 | 柯素娥編譯 | 120元 |
| ㉜佛法與神通 | 劉欣如編著 | 120元 |
| ㉝悟（正法眼藏的世界） | 柯素娥編譯 | 120元 |
| ㉞只管打坐 | 劉欣如編譯 | 120元 |
| ㉟喬答摩・佛陀傳 | 劉欣如編著 | 120元 |
| ㊱唐玄奘留學記 | 劉欣如編譯 | 120元 |
| ㊲佛教的人生觀 | 劉欣如編譯 | 110元 |
| ㊳無門關（上卷） | 心靈雅集編譯組 | 150元 |

| | | |
|---|---|---|
| ㊴無門關（下卷） | 心靈雅集編譯組 | 150元 |
| ㊵業的思想 | 劉欣如編著 | 130元 |
| ㊶佛法難學嗎 | 劉欣如著 | 140元 |
| ㊷佛法實用嗎 | 劉欣如著 | 140元 |
| ㊸佛法殊勝嗎 | 劉欣如著 | 140元 |
| ㊹因果報應法則 | 李常傳編 | 140元 |
| ㊺佛教醫學的奧秘 | 劉欣如編著 | 150元 |
| ㊻紅塵絕唱 | 海　若著 | 130元 |
| ㊼佛教生活風情 | 洪丕謨、姜玉珍著 | 220元 |
| ㊽行住坐臥有佛法 | 劉欣如著 | 160元 |
| ㊾起心動念是佛法 | 劉欣如著 | 160元 |

## •經 營 管 理•電腦編號 01

| | | |
|---|---|---|
| ◎創新經營管理六十六大計（精） | 蔡弘文編 | 780元 |
| ①如何獲取生意情報 | 蘇燕謀譯 | 110元 |
| ②經濟常識問答 | 蘇燕謀譯 | 130元 |
| ③股票致富68秘訣 | 簡文祥譯 | 100元 |
| ④台灣商戰風雲錄 | 陳中雄著 | 120元 |
| ⑤推銷大王秘錄 | 原一平著 | 100元 |
| ⑥新創意•賺大錢 | 王家成譯 | 90元 |
| ⑦工廠管理新手法 | 琪　輝著 | 120元 |
| ⑧奇蹟推銷術 | 蘇燕謀譯 | 100元 |
| ⑨經營參謀 | 柯順隆譯 | 120元 |
| ⑩美國實業24小時 | 柯順隆譯 | 80元 |
| ⑪撼動人心的推銷法 | 原一平著 | 150元 |
| ⑫高竿經營法 | 蔡弘文編 | 120元 |
| ⑬如何掌握顧客 | 柯順隆譯 | 150元 |
| ⑭一等一賺錢策略 | 蔡弘文編 | 120元 |
| ⑯成功經營妙方 | 鐘文訓著 | 120元 |
| ⑰一流的管理 | 蔡弘文編 | 150元 |
| ⑱外國人看中韓經濟 | 劉華亭譯 | 150元 |
| ⑲企業不良幹部群相 | 琪輝編著 | 120元 |
| ⑳突破商場人際學 | 林振輝編著 | 90元 |
| ㉑無中生有術 | 琪輝編著 | 140元 |
| ㉒如何使女人打開錢包 | 林振輝編著 | 100元 |
| ㉓操縱上司術 | 邑井操著 | 90元 |
| ㉔小公司經營策略 | 王嘉誠著 | 100元 |
| ㉕成功的會議技巧 | 鐘文訓編譯 | 100元 |
| ㉖新時代老闆學 | 黃柏松編著 | 100元 |
| ㉗如何創造商場智囊團 | 林振輝編譯 | 150元 |

| | | |
|---|---|---|
| ㉘十分鐘推銷術 | 林振輝編譯 | 120元 |
| ㉙五分鐘育才 | 黃柏松編譯 | 100元 |
| ㉚成功商場戰術 | 陸明編譯 | 100元 |
| ㉛商場談話技巧 | 劉華亭編譯 | 120元 |
| ㉜企業帝王學 | 鐘文訓譯 | 90元 |
| ㉝自我經濟學 | 廖松濤編譯 | 100元 |
| ㉞一流的經營 | 陶田生編著 | 120元 |
| ㉟女性職員管理術 | 王昭國編譯 | 120元 |
| ㊱ＩＢＭ的人事管理 | 鐘文訓編譯 | 150元 |
| ㊲現代電腦常識 | 王昭國編譯 | 150元 |
| ㊳電腦管理的危機 | 鐘文訓編譯 | 120元 |
| ㊴如何發揮廣告效果 | 王昭國編譯 | 150元 |
| ㊵最新管理技巧 | 王昭國編譯 | 150元 |
| ㊶一流推銷術 | 廖松濤編譯 | 150元 |
| ㊷包裝與促銷技巧 | 王昭國編譯 | 130元 |
| ㊸企業王國指揮塔 | 松下幸之助著 | 120元 |
| ㊹企業精銳兵團 | 松下幸之助著 | 120元 |
| ㊺企業人事管理 | 松下幸之助著 | 100元 |
| ㊻華僑經商致富術 | 廖松濤編譯 | 130元 |
| ㊼豐田式銷售技巧 | 廖松濤編譯 | 120元 |
| ㊽如何掌握銷售技巧 | 王昭國編著 | 130元 |
| ㊿洞燭機先的經營 | 鐘文訓編譯 | 150元 |
| 52新世紀的服務業 | 鐘文訓編譯 | 100元 |
| 53成功的領導者 | 廖松濤編譯 | 120元 |
| 54女推銷員成功術 | 李玉瓊編譯 | 130元 |
| 55ＩＢＭ人才培育術 | 鐘文訓編譯 | 100元 |
| 56企業人自我突破法 | 黃琪輝編著 | 150元 |
| 58財富開發術 | 蔡弘文編著 | 130元 |
| 59成功的店舖設計 | 鐘文訓編著 | 150元 |
| 61企管回春法 | 蔡弘文編著 | 130元 |
| 62小企業經營指南 | 鐘文訓編譯 | 100元 |
| 63商場致勝名言 | 鐘文訓編譯 | 150元 |
| 64迎接商業新時代 | 廖松濤編譯 | 100元 |
| 66新手股票投資入門 | 何朝乾　編 | 180元 |
| 67上揚股與下跌股 | 何朝乾編譯 | 180元 |
| 68股票速成學 | 何朝乾編譯 | 180元 |
| 69理財與股票投資策略 | 黃俊豪編著 | 180元 |
| 70黃金投資策略 | 黃俊豪編著 | 180元 |
| 71厚黑管理學 | 廖松濤編譯 | 180元 |
| 72股市致勝格言 | 呂梅莎編譯 | 180元 |
| 73透視西武集團 | 林谷燁編譯 | 150元 |

| | | |
|---|---|---|
| ⑯巡迴行銷術 | 陳蒼杰譯 | 150元 |
| ⑰推銷的魔術 | 王嘉誠譯 | 120元 |
| ⑱60秒指導部屬 | 周蓮芬編譯 | 150元 |
| ⑲精銳女推銷員特訓 | 李玉瓊編譯 | 130元 |
| ⑳企劃、提案、報告圖表的技巧 | 鄭　汶　譯 | 180元 |
| ㉑海外不動產投資 | 許達守編譯 | 150元 |
| ㉒八百伴的世界策略 | 李玉瓊譯 | 150元 |
| ㉓服務業品質管理 | 吳宜芬譯 | 180元 |
| ㉔零庫存銷售 | 黃東謙編譯 | 150元 |
| ㉕三分鐘推銷管理 | 劉名揚編譯 | 150元 |
| ㉖推銷大王奮鬥史 | 原一平著 | 150元 |
| ㉗豐田汽車的生產管理 | 林谷燁編譯 | 150元 |

## •成功寶庫•電腦編號02

| | | |
|---|---|---|
| ①上班族交際術 | 江森滋著 | 100元 |
| ②拍馬屁訣竅 | 廖玉山編譯 | 110元 |
| ④聽話的藝術 | 歐陽輝編譯 | 110元 |
| ⑨求職轉業成功術 | 陳　義編著 | 110元 |
| ⑩上班族禮儀 | 廖玉山編著 | 120元 |
| ⑪接近心理學 | 李玉瓊編著 | 100元 |
| ⑫創造自信的新人生 | 廖松濤編著 | 120元 |
| ⑭上班族如何出人頭地 | 廖松濤編著 | 100元 |
| ⑮神奇瞬間瞑想法 | 廖松濤編譯 | 100元 |
| ⑯人生成功之鑰 | 楊意苓編著 | 150元 |
| ⑱潛在心理術 | 多湖輝　著 | 100元 |
| ⑲給企業人的諍言 | 鐘文訓編著 | 120元 |
| ⑳企業家自律訓練法 | 陳　義編譯 | 100元 |
| ㉑上班族妖怪學 | 廖松濤編著 | 100元 |
| ㉒猶太人縱橫世界的奇蹟 | 孟佑政編著 | 110元 |
| ㉓訪問推銷術 | 黃静香編著 | 130元 |
| ㉕你是上班族中強者 | 嚴思圖編著 | 100元 |
| ㉖向失敗挑戰 | 黃静香編著 | 100元 |
| ㉙機智應對術 | 李玉瓊編著 | 130元 |
| ㉚成功頓悟100則 | 蕭京凌編譯 | 130元 |
| ㉛掌握好運100則 | 蕭京凌編譯 | 110元 |
| ㉜知性幽默 | 李玉瓊編譯 | 130元 |
| ㉝熟記對方絕招 | 黃静香編譯 | 100元 |
| ㉞男性成功秘訣 | 陳蒼杰編譯 | 130元 |
| ㊱業務員成功秘方 | 李玉瓊編著 | 120元 |
| ㊲察言觀色的技巧 | 劉華亭編著 | 130元 |

| | | |
|---|---|---|
| ㊳一流領導力 | 施義彥編譯 | 120元 |
| ㊴一流說服力 | 李玉瓊編著 | 130元 |
| ㊵30秒鐘推銷術 | 廖松濤編譯 | 150元 |
| ㊶猶太成功商法 | 周蓮芬編譯 | 120元 |
| ㊷尖端時代行銷策略 | 陳蒼杰編著 | 100元 |
| ㊸顧客管理學 | 廖松濤編著 | 100元 |
| ㊹如何使對方說Yes | 程 羲編著 | 150元 |
| ㊺如何提高工作效率 | 劉華亭編著 | 150元 |
| ㊼上班族口才學 | 楊鴻儒譯 | 120元 |
| ㊽上班族新鮮人須知 | 程 羲編著 | 120元 |
| ㊾如何左右逢源 | 程 羲編著 | 130元 |
| ㊿語言的心理戰 | 多湖輝著 | 130元 |
| 51扣人心弦演說術 | 劉名揚編著 | 120元 |
| 53如何增進記憶力、集中力 | 廖松濤譯 | 130元 |
| 55性惡企業管理學 | 陳蒼杰譯 | 130元 |
| 56自我啟發200招 | 楊鴻儒編著 | 150元 |
| 57做個傑出女職員 | 劉名揚編著 | 130元 |
| 58靈活的集團營運術 | 楊鴻儒編著 | 120元 |
| 60個案研究活用法 | 楊鴻儒編著 | 130元 |
| 61企業教育訓練遊戲 | 楊鴻儒編著 | 120元 |
| 62管理者的智慧 | 程 羲編譯 | 130元 |
| 63做個佼佼管理者 | 馬筱莉編譯 | 130元 |
| 64智慧型說話技巧 | 沈永嘉編譯 | 130元 |
| 66活用佛學於經營 | 松濤弘道著 | 150元 |
| 67活用禪學於企業 | 柯素娥編譯 | 130元 |
| 68詭辯的智慧 | 沈永嘉編譯 | 150元 |
| 69幽默詭辯術 | 廖玉山編譯 | 150元 |
| 70拿破崙智慧箴言 | 柯素娥編譯 | 130元 |
| 71自我培育・超越 | 蕭京凌編譯 | 150元 |
| 73深層語言術 | 多湖輝著 | 130元 |
| 74時間即一切 | 沈永嘉編譯 | 130元 |
| 75自我脫胎換骨 | 柯素娥譯 | 150元 |
| 76贏在起跑點—人才培育鐵則 | 楊鴻儒編譯 | 150元 |
| 77做一枚活棋 | 李玉瓊編譯 | 130元 |
| 78面試成功戰略 | 柯素娥編譯 | 130元 |
| 79自我介紹與社交禮儀 | 柯素娥編譯 | 150元 |
| 80說NO的技巧 | 廖玉山編譯 | 130元 |
| 81瞬間攻破心防法 | 廖玉山編譯 | 120元 |
| 82改變一生的名言 | 李玉瓊編譯 | 130元 |
| 83性格性向創前程 | 楊鴻儒編譯 | 130元 |
| 84訪問行銷新竅門 | 廖玉山編譯 | 150元 |

| | | |
|---|---|---|
| ⑧⑤無所不達的推銷話術 | 李玉瓊編譯 | 150元 |

## •處世智慧• 電腦編號03

| | | |
|---|---|---|
| ①如何改變你自己 | 陸明編譯 | 120元 |
| ②人性心理陷阱 | 多湖輝著 | 90元 |
| ④幽默說話術 | 林振輝編譯 | 120元 |
| ⑤讀書36計 | 黃柏松編譯 | 120元 |
| ⑥靈感成功術 | 譚繼山編譯 | 80元 |
| ⑧扭轉一生的五分鐘 | 黃柏松編譯 | 100元 |
| ⑨知人、知面、知其心 | 林振輝譯 | 110元 |
| ⑩現代人的詭計 | 林振輝譯 | 100元 |
| ⑫如何利用你的時間 | 蘇遠謀譯 | 80元 |
| ⑬口才必勝術 | 黃柏松編譯 | 120元 |
| ⑭女性的智慧 | 譚繼山編譯 | 90元 |
| ⑮如何突破孤獨 | 張文志編譯 | 80元 |
| ⑯人生的體驗 | 陸明編譯 | 80元 |
| ⑰微笑社交術 | 張芳明譯 | 90元 |
| ⑱幽默吹牛術 | 金子登著 | 90元 |
| ⑲攻心說服術 | 多湖輝著 | 100元 |
| ⑳當機立斷 | 陸明編譯 | 70元 |
| ㉑勝利者的戰略 | 宋恩臨編譯 | 80元 |
| ㉒如何交朋友 | 安紀芳編著 | 70元 |
| ㉓鬥智奇謀（諸葛孔明兵法） | 陳炳崑著 | 70元 |
| ㉔慧心良言 | 亦　奇著 | 80元 |
| ㉕名家慧語 | 蔡逸鴻主編 | 90元 |
| ㉗稱霸者啟示金言 | 黃柏松編譯 | 90元 |
| ㉘如何發揮你的潛能 | 陸明編譯 | 90元 |
| ㉙女人身態語言學 | 李常傳譯 | 130元 |
| ㉚摸透女人心 | 張文志譯 | 90元 |
| ㉛現代戀愛秘訣 | 王家成譯 | 70元 |
| ㉜給女人的悄悄話 | 妮倩編譯 | 90元 |
| ㉞如何開拓快樂人生 | 陸明編譯 | 90元 |
| ㉟驚人時間活用法 | 鐘文訓譯 | 80元 |
| ㊱成功的捷徑 | 鐘文訓譯 | 70元 |
| ㊲幽默逗笑術 | 林振輝著 | 120元 |
| ㊳活用血型讀書法 | 陳炳崑譯 | 80元 |
| ㊴心　燈 | 葉于模著 | 100元 |
| ㊵當心受騙 | 林顯茂譯 | 90元 |
| ㊶心•體•命運 | 蘇燕謀譯 | 70元 |
| ㊷如何使頭腦更敏銳 | 陸明編譯 | 70元 |

| | | |
|---|---|---|
| ㊸宮本武藏五輪書金言錄 | 宮本武藏著 | 100元 |
| ㊺勇者的智慧 | 黃柏松編譯 | 80元 |
| ㊼成熟的愛 | 林振輝譯 | 120元 |
| ㊽現代女性駕馭術 | 蔡德華著 | 90元 |
| ㊾禁忌遊戲 | 酒井潔著 | 90元 |
| ㊽摸透男人心 | 劉華亭編譯 | 80元 |
| ㊽如何達成願望 | 謝世輝著 | 90元 |
| ㊽創造奇蹟的「想念法」 | 謝世輝著 | 90元 |
| ㊽創造成功奇蹟 | 謝世輝著 | 90元 |
| ㊽男女幽默趣典 | 劉華亭譯 | 90元 |
| ㊽幻想與成功 | 廖松濤譯 | 80元 |
| ㊽反派角色的啟示 | 廖松濤編譯 | 70元 |
| ㊽現代女性須知 | 劉華亭編著 | 75元 |
| ㊽機智說話術 | 劉華亭編譯 | 100元 |
| ㊽如何突破內向 | 姜倩怡編譯 | 110元 |
| ㊽讀心術入門 | 王家成編譯 | 100元 |
| ㊽如何解除內心壓力 | 林美羽編著 | 110元 |
| ㊽取信於人的技巧 | 多湖輝著 | 110元 |
| ㊽如何培養堅強的自我 | 林美羽編著 | 90元 |
| ㊽自我能力的開拓 | 卓一凡編著 | 110元 |
| ㊽縱橫交涉術 | 嚴思圖編著 | 90元 |
| ㊽如何培養妳的魅力 | 劉文珊編著 | 90元 |
| ㊽魅力的力量 | 姜倩怡編著 | 90元 |
| ㊽金錢心理學 | 多湖輝著 | 100元 |
| ㊽語言的圈套 | 多湖輝著 | 110元 |
| ㊽個性膽怯者的成功術 | 廖松濤編譯 | 100元 |
| ㊽人性的光輝 | 文可式編著 | 90元 |
| ㊽驚人的速讀術 | 鐘文訓編譯 | 90元 |
| ㊽培養靈敏頭腦秘訣 | 廖玉山編著 | 90元 |
| ㊽夜晚心理術 | 鄭秀美編譯 | 80元 |
| ㊽如何做個成熟的女性 | 李玉瓊編著 | 80元 |
| ㊽現代女性成功術 | 劉文珊編著 | 90元 |
| ㊽成功說話技巧 | 梁惠珠編譯 | 100元 |
| ㊽人生的真諦 | 鐘文訓編譯 | 100元 |
| ㊽妳是人見人愛的女孩 | 廖松濤編著 | 120元 |
| ㊽指尖・頭腦體操 | 蕭京凌編譯 | 90元 |
| ㊽電話應對禮儀 | 蕭京凌編著 | 120元 |
| ㊽自我表現的威力 | 廖松濤編譯 | 100元 |
| ㊽名人名語啟示錄 | 喬家楓編著 | 100元 |
| ㊽男與女的哲思 | 程鐘梅編譯 | 110元 |
| ㊽靈思慧語 | 牧　風著 | 110元 |

| | | |
|---|---|---|
| ⑨③心靈夜語 | 牧 風著 | 100元 |
| ⑨④激盪腦力訓練 | 廖松濤編譯 | 100元 |
| ⑨⑤三分鐘頭腦活性法 | 廖玉山編譯 | 110元 |
| ⑨⑥星期一的智慧 | 廖玉山編譯 | 100元 |
| ⑨⑦溝通說服術 | 賴文琇編譯 | 100元 |
| ⑨⑧超速讀超記憶法 | 廖松濤編譯 | 120元 |

## •健康與美容•電腦編號04

| | | |
|---|---|---|
| ①B型肝炎預防與治療 | 曾慧琪譯 | 130元 |
| ③媚酒傳(中國王朝秘酒) | 陸明主編 | 120元 |
| ④藥酒與健康果菜汁 | 成玉主編 | 150元 |
| ⑤中國回春健康術 | 蔡一藩著 | 100元 |
| ⑥奇蹟的斷食療法 | 蘇燕謀譯 | 110元 |
| ⑧健美食物法 | 陳炳崑譯 | 120元 |
| ⑨驚異的漢方療法 | 唐龍編著 | 90元 |
| ⑩不老強精食 | 唐龍編著 | 100元 |
| ⑪經脈美容法 | 月乃桂子著 | 90元 |
| ⑫五分鐘跳繩健身法 | 蘇明達譯 | 100元 |
| ⑬睡眠健康法 | 王家成譯 | 80元 |
| ⑭你就是名醫 | 張芳明譯 | 90元 |
| ⑮如何保護你的眼睛 | 蘇燕謀譯 | 70元 |
| ⑯自我指壓術 | 今井義睛著 | 120元 |
| ⑰室內身體鍛鍊法 | 陳炳崑譯 | 100元 |
| ⑲釋迦長壽健康法 | 譚繼山譯 | 90元 |
| ⑳腳部按摩健康法 | 譚繼山譯 | 120元 |
| ㉑自律健康法 | 蘇明達譯 | 90元 |
| ㉓身心保健座右銘 | 張仁福著 | 160元 |
| ㉔腦中風家庭看護與運動治療 | 林振輝譯 | 100元 |
| ㉕秘傳醫學人相術 | 成玉主編 | 120元 |
| ㉖導引術入門(1)治療慢性病 | 成玉主編 | 110元 |
| ㉗導引術入門(2)健康•美容 | 成玉主編 | 110元 |
| ㉘導引術入門(3)身心健康法 | 成玉主編 | 110元 |
| ㉙妙用靈藥•蘆薈 | 李常傳譯 | 150元 |
| ㉚萬病回春百科 | 吳通華著 | 150元 |
| ㉛初次懷孕的10個月 | 成玉編譯 | 130元 |
| ㉜中國秘傳氣功治百病 | 陳炳崑編譯 | 130元 |
| ㉞仙人成仙術 | 陸明編譯 | 100元 |
| ㉟仙人長生不老學 | 陸明編譯 | 100元 |
| ㊱釋迦秘傳米粒刺激法 | 鐘文訓譯 | 120元 |
| ㊲痔•治療與預防 | 陸明編譯 | 130元 |

| | | |
|---|---|---|
| ㊳自我防身絕技 | 陳炳崑編譯 | 120元 |
| ㊴運動不足時疲勞消除法 | 廖松濤譯 | 110元 |
| ㊵三溫暖健康法 | 鐘文訓編譯 | 90元 |
| ㊷維他命C新效果 | 鐘文訓譯 | 90元 |
| ㊸維他命與健康 | 鐘文訓譯 | 150元 |
| ㊺森林浴—綠的健康法 | 劉華亭編譯 | 80元 |
| ㊼導引術入門(4)酒浴健康法 | 成玉主編 | 90元 |
| ㊽導引術入門(5)不老回春法 | 成玉主編 | 90元 |
| ㊾山白竹（劍竹）健康法 | 鐘文訓譯 | 90元 |
| ㊿解救你的心臟 | 鐘文訓編譯 | 100元 |
| 51牙齒保健法 | 廖玉山譯 | 90元 |
| 52超人氣功法 | 陸明編譯 | 110元 |
| 53超能力秘密開發法 | 廖松濤譯 | 80元 |
| 54借力的奇蹟(1) | 力拔山著 | 100元 |
| 55借力的奇蹟(2) | 力拔山著 | 100元 |
| 56五分鐘小睡健康法 | 呂添發撰 | 120元 |
| 57禿髮、白髮預防與治療 | 陳炳崑撰 | 120元 |
| 58吃出健康藥膳 | 劉大器著 | 100元 |
| 59艾草健康法 | 張汝明編譯 | 90元 |
| 60一分鐘健康診斷 | 蕭京凌編譯 | 90元 |
| 61念術入門 | 黃静香編譯 | 90元 |
| 62念術健康法 | 黃静香編譯 | 90元 |
| 63健身回春法 | 梁惠珠編譯 | 100元 |
| 64姿勢養生法 | 黃秀娟編譯 | 90元 |
| 65仙人瞑想法 | 鐘文訓譯 | 120元 |
| 66人蔘的神效 | 林慶旺譯 | 100元 |
| 67奇穴治百病 | 吳通華著 | 120元 |
| 68中國傳統健康法 | 靳海東著 | 100元 |
| 69下半身減肥法 | 納他夏・史達賓著 | 110元 |
| 70使妳的肌膚更亮麗 | 楊　皓編譯 | 100元 |
| 71酵素健康法 | 楊　皓編譯 | 120元 |
| 73腰痛預防與治療 | 五味雅吉著 | 100元 |
| 74如何預防心臟病・腦中風 | 譚定長等著 | 100元 |
| 75少女的生理秘密 | 蕭京凌譯 | 120元 |
| 76頭部按摩與針灸 | 楊鴻儒譯 | 100元 |
| 77雙極療術入門 | 林聖道著 | 100元 |
| 78氣功自療法 | 梁景蓮著 | 120元 |
| 79大蒜健康法 | 李玉瓊編譯 | 100元 |
| 80紅蘿蔔汁斷食療法 | 李玉瓊譯 | 120元 |
| 81健胸美容秘訣 | 黃靜香譯 | 100元 |
| 82鍺奇蹟療效 | 林宏儒譯 | 120元 |

| | | |
|---|---|---|
| ⑧③三分鐘健身運動 | 廖玉山譯 | 120元 |
| ⑧④尿療法的奇蹟 | 廖玉山譯 | 120元 |
| ⑧⑤神奇的聚積療法 | 廖玉山譯 | 120元 |
| ⑧⑥預防運動傷害伸展體操 | 楊鴻儒編譯 | 120元 |
| ⑧⑦糖尿病預防與治療 | 石莉涓譯 | 150元 |
| ⑧⑧五日就能改變你 | 柯素娥譯 | 110元 |
| ⑧⑨三分鐘氣功健康法 | 陳美華譯 | 120元 |
| ⑨⓪痛風劇痛消除法 | 余昇凌譯 | 120元 |
| ⑨①道家氣功術 | 早島正雄著 | 130元 |
| ⑨②氣功減肥術 | 早島正雄著 | 120元 |
| ⑨③超能力氣功法 | 柯素娥譯 | 130元 |
| ⑨④氣的瞑想法 | 早島正雄著 | 120元 |

## •家庭／生活•電腦編號 05

| | | |
|---|---|---|
| ①單身女郎生活經驗談 | 廖玉山編著 | 100元 |
| ②血型•人際關係 | 黃静編著 | 120元 |
| ③血型•妻子 | 黃静編著 | 110元 |
| ④血型•丈夫 | 廖玉山編譯 | 130元 |
| ⑤血型•升學考試 | 沈永嘉編譯 | 120元 |
| ⑥血型•臉型•愛情 | 鐘文訓編譯 | 120元 |
| ⑦現代社交須知 | 廖松濤編譯 | 100元 |
| ⑧簡易家庭按摩 | 鐘文訓編譯 | 150元 |
| ⑨圖解家庭看護 | 廖玉山編譯 | 120元 |
| ⑩生男育女隨心所欲 | 岡正基編著 | 120元 |
| ⑪家庭急救治療法 | 鐘文訓編著 | 100元 |
| ⑫新孕婦體操 | 林曉鐘譯 | 120元 |
| ⑬從食物改變個性 | 廖玉山編譯 | 100元 |
| ⑭藥草的自然療法 | 東城百合子著 | 200元 |
| ⑮糙米菜食與健康料理 | 東城百合子著 | 180元 |
| ⑯現代人的婚姻危機 | 黃　静編著 | 90元 |
| ⑰親子遊戲　0歲 | 林慶旺編譯 | 100元 |
| ⑱親子遊戲　1～2歲 | 林慶旺編譯 | 110元 |
| ⑲親子遊戲　3歲 | 林慶旺編譯 | 100元 |
| ⑳女性醫學新知 | 林曉鐘編譯 | 130元 |
| ㉑媽媽與嬰兒 | 張汝明編譯 | 150元 |
| ㉒生活智慧百科 | 黃　静編譯 | 100元 |
| ㉓手相•健康•你 | 林曉鐘編譯 | 120元 |
| ㉔菜食與健康 | 張汝明編譯 | 110元 |
| ㉕家庭素食料理 | 陳東達著 | 140元 |
| ㉖性能力活用秘法 | 米開•尼里著 | 150元 |

國立中央圖書館出版品預行編目資料

猶太數秘術 ／淺野八郎著；李玉瓊譯
－－初版－－臺北市；大展．民84
面； 公分，－（秘傳占卜系列；11）
譯自：ユダヤ數秘術
ISBN 957-557-528-8（平裝）

1．術數

298.5 84007010

本書原名：＜秘傳＞占い全書⑪ユダヤ數秘術
著 者：淺野八郎


原發行所：ワニ文庫
仲介代理：京王文化事業有限公司



ISBN 957-557-528-8

猶太數秘術

原著者／淺野八郎
編譯者／李 玉 瓊
發行人／蔡 森 明
出版者／大展出版社有限公司
社 址／台北市北投區（石牌）
致遠一路二段12巷1號
電 話／(02) 8236031・8236033
傳 真／(02) 8272069
郵政劃撥／0166955－1
登記證／局版臺業字第2171號

承印者／國順圖書印刷公司
裝 訂／嶸興裝訂有限公司
排版者／千賓電腦打字有限公司
電 話／（02）8836052
初 版／1995年（民84年）8月
定 價／150元

大展好書　好書大展

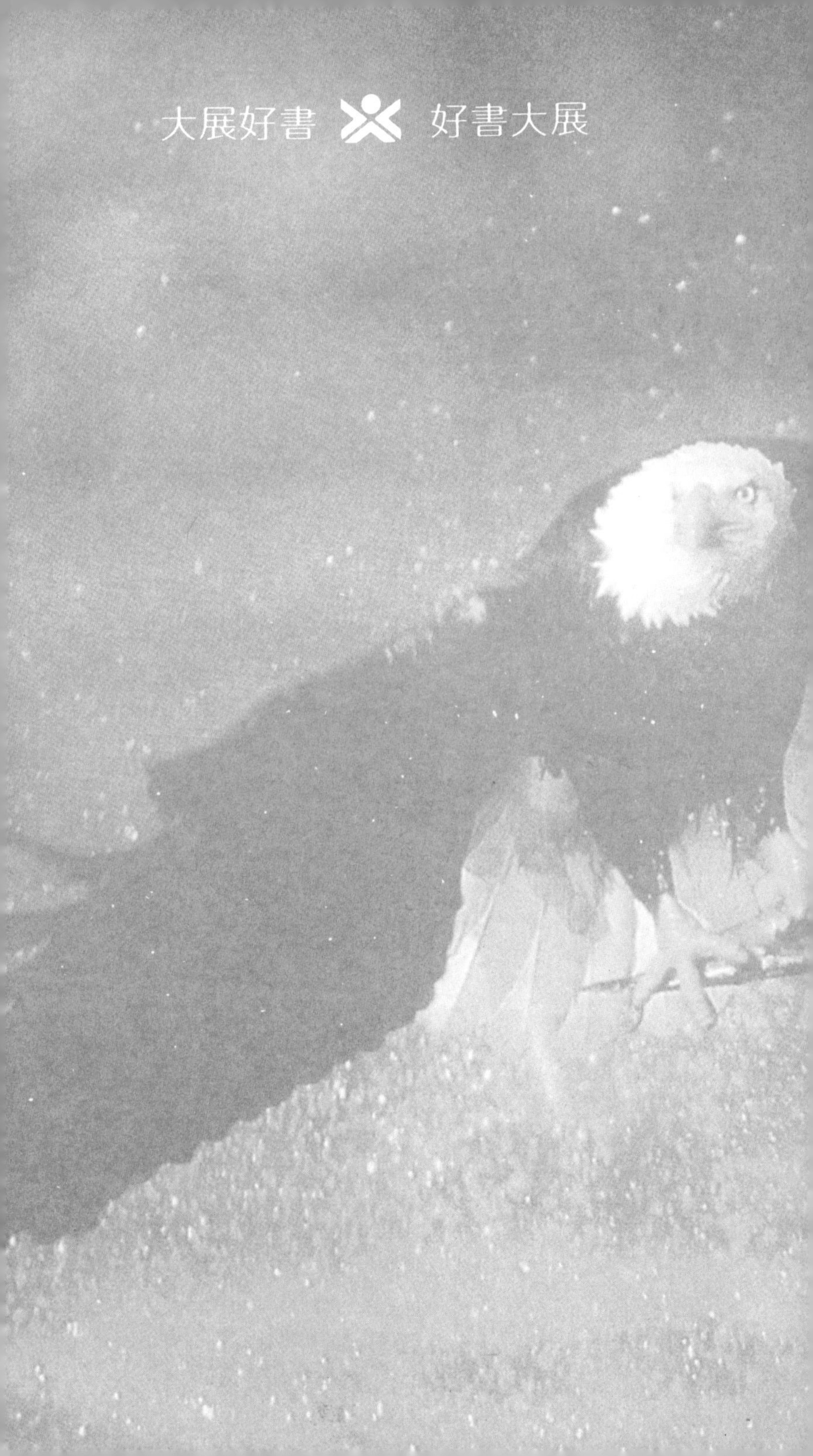
大展好書 好書大展